サクラ・サク

上岡中学校三年間の物語

笠原昭男 著

高文研

はじめに

「サクラ・サク」は、上岡中学校（仮称）での三年間の教育実践を中心にまとめた物語です。私の実体験をもとに記述してありますが、お読みいただく前にいくつかおことわりしておくことがあります。

・学校名や個人名はすべて仮名です。
・プライバシーに配慮して少し設定を変えてあります。
・時系列が前後しているところがあります。
・子どもたちの発言は、ほぼそのまま記述してあります。

この物語は越田翔太という生徒とのかかわりに焦点を当てて記述してありますが、荒れと貧困のなかにある学校状況の中で、失敗を重ね、苦しみながら、子どもたち、保護者、同僚とともに学校を少しずつ少しずつ変えていこうとした実践でもあります。最後までお読みいただけたら幸いです。

目次

おもな登場人物

越田翔太：中学入学時から、次々と問題を起こすが・・・

相田茂雄：学年で一番体格がいい。キレやすい生徒だが・・・

田宮和樹：越田翔太の仲間

柴崎理恵：女子で最も指導が難しいとの申し送りがあった

永井淑子先生：上岡中のベテラン教師

植月香織先生：私と同じ学年を組む若い先生

上岡中学校の生徒たち

上岡中学校の教職員

第1話　桜咲く季節に

私は、市内の上岡中学校へ異動することになった。山城中学校の同僚たちは、「笠原先生、また大変な学校に行くんだね」と気の毒がった。「え、そんなに荒れてるの?」と聞き返すと、「笠原先生、知らないの。うちの学校どころじゃないよ」と顔をしかめる。しかし私は、山城中学校で何とかやれたんだから大丈夫だろうと気軽に考えていた。それに、二〇年以上も教員をしてきたベテラン教師として、少しは自信もあった。四月に後悔する時がくるとはこのときはまったく思っていなかった。

四月一日、私は上岡中学校の門をくぐった。学校は高台にあり見晴らしがいい。それに学校のまわりを満開の桜が囲んでいるところが気に入った。

「明日は、カメラを持って来よう。いい写真が撮れそうだ」

上岡中での生活が楽しみになった。開校三〇年半ば過ぎの学校だけあって校舎や体育館は古びていてあちこち痛みが見えるが、どこにでもある公立の中学校だ。

校長室に入ると異動してきた先生たちが数名、すでに座っていた。

校長先生も他校から異動してきたらしい。自己紹介の後、教頭先生が説明をはじめた。

「本校へようこそいらっしゃいました。みなさんご存知のことかと思いますが、本校は大変厳しい状況にあります。生徒の暴力行為や授業抜け出し、校内での喫煙など、多くの生徒指導上の課題を抱えています」

私は、まあどこも似たり寄ったりだろうとたかをくくって聞いていた。その後、それぞれの職員の所属や校務分掌、担当の部活動などが伝えられた。私は、一年二組担任、一年生と二年生の社会科を持つ。部活動は希望通りサッカー部となった。

顔合わせのあと、教務主任の本田先生の案内で校内を見てまわった。まわっているうちに私はだんだんと事態の深刻さを理解し始めた。教室の壁があちこち破壊されている。修理の跡はあるのだが、それでも目立つ破壊のされようだ。どの教室もくすんでいて、塵っぽい。空き教室はガラクタが山と積まれ、破壊の跡もある。ベランダの床には吐いたガムがそのまま固まった真っ黒な塊があちこちにこびりついている。あまり掃除をしていないのかトイレも汚く暗い。異動してきた他の先生たちから、ため息が聞こえてきた。

「山城中もいろいろな出来事があったが、ここまでひどくはなかったなあ」

私は気持ちが重くなってきた。

第2話 女子のおだんごが気になります

互いの自己紹介の後、さっそく第一回の職員会議がはじまった。生徒指導主任の島田結子先生が、校則や決まりごとの確認事項を説明し始めた。

「女子のおだんごが気になります。昨年度は黙認していましたが、おだんごを止めるリボンの色、黒かグレーに統一しませんか。本当はおだんごは禁止にしたいところですが」

しばらく沈黙が続いた。

美術科の豊島みどり先生が手をあげた。

「そうねえ。島田先生が言われるように、今年からもっとしっかり指導しましょうよ。色を指定しても守らない生徒が多いと思うので、いっそ禁止でどうですか」

男の先生たちは沈黙している。

「女性の立場から言うとね、あれは単におしゃれなんですよ。禁止にしましょうか」

と島田先生がややきつめに言う。

「うーん、私はいまさら禁止ってのも無理がありそうだから黒、グレー、紺あたりでどうでしょう」と教務主任の本田先生。

「全面禁止。そのほうがはっきりしてていいわよ」と理科の永井淑子先生がきっぱりと言う。

私はだんだんイライラしてきた。

「この学校にとって女子のおだんごについてあれこれ話し合うよりもっと大事なことがあるだろうに」

このままではそんな思いをぶつけてしまいそうだ。赴任して早々にあれこれ批判めいたことを言うのは自粛したほうがよいだろうと考え、私はトイレへ行くふりをして会議室を出た。そのまま裏門の外へ出て一人でタバコを吸った。「これじゃ、荒れた中学生とおんなじだなあ」と思うと可笑しかった。裏門の向こうは畑が続いていて濃いピンクの花桃が咲いていた。こんないい環境なのになあと一人でつぶやいた。

職員室に戻ると、まだ女子の髪の毛について話し合いが続いていた。どうやら、女子のおだんごは、縛るリボンが黒、グレー、紺となったらしい。それで終わりかと思ったらこんどは、女子の触覚を禁止するかどうかの話し合いとなっていた。私は嫌気がさしてきた。

永井先生が再び発言した。

「私は、あと三年で退職よ。たぶん残り三年間もこの学校にいるんでしょうけど、みなさんたとえ反抗されても決めたことはきっちり指導仕切りましょうよ。そこが甘いから子どもたちは勝手放題になるのよ。・・・ああ、またこれから一年間、地獄がはじまるのね」

「地獄かあー」、永井先生は私のクラスの副担任。きっちりしていて厳しい目つきをしている。

「なんだか先が思いやられるなあ」

私は憂鬱になった。

夕方、職員会議が終わった。それぞれの職員が雑務をしているさなか、職員室の電話が鳴った。

「新町三丁目の公園で生徒がタバコを吸っているようです。通報がありました」と教頭先生。

「さあ、出動、出動」と三学年主任の鍋島先生。鍋島先生は、まわりから「デカ長」と呼ばれているらしい。五〇代後半の大ベテラン。元ラガーマンのような体形で角刈り。みるからに「デカ長」である。デカ長のラウンドクルーザーに三年の先生数人が乗り込む。他の職員はさして驚かない。日常的にあることのようだ。

「さあ、帰ろう、帰ろう、遅くまでいるとまた出動になっちゃうよ」と永井先生が呟《つぶや》く。

第3話　秒読みの子ども

学年主任の村沢和幸先生が司会で新年度第一回目の学年会が始まった。村沢先生は上岡中学校で六年目を迎えるベテランの体育教師。体育教師というと「コワモテ」というイメージがあるが、村沢先生はとても穏やかで優しそうな表情をしている。私は少し安心した。

しかし、この学校での生徒指導の苦労が染みついているのか、明るい表情をすることがあまりない。顔に刻まれた皺が苦労を物語っているように思えた。学年の分掌を決めた後、学級編成の時間となった。一組担任は村沢先生、二組担任が私、三組担任は、教職五年目の英語科の遠藤浩一郎先生。副担任として理科の永井先生、これが新一年生のすべてのスタッフである。

「荒れた学校なのに教師の人数が少なすぎる。・・・これではおちおち年休もとれそうにないな」と私は思った。

「小学校からの情報をもとに、学級編成はしてあります。今から生徒の情報を言いますから、疑問があればおっしゃってください」と村沢先生が切り出した。

「一番指導の難しい子が、越田翔太。小学校の先生も手におえなかったと言ってました。いじめはもちろん、暴力はしょっちゅう、教師への暴言や暴力もあったらしいです。まったく指導が入らず、まわりの子どもたちも恐れているようです。母親一人で育ててきたようですが、どうも育児放棄の状態だったようです。離婚した父親からは暴力も振るわれていたみたいです」

「年の離れた兄も問題ばかり起こして、今はどこにいるかもわからないようよ。笠原先生、翔太がいつ上岡中に入学するのか、あと二年、あと一年・・ってね、秒読みしてた子よ」と永井先生。

「笠原先生は来たばっかりだから、とりあえず私が担任します。そのぶん二番手、三番手の子を担任してもらいます」と村沢先生が渋い顔をしながら言う。

「とにかくねえ、私じゃ、手に負えそうもないわ。どうしてこんなに年をとった私を一年生にしたのかしらねえ。でもあれね、二学年や三学年に行くよりずっとマシかもね」と老眼鏡を拭きながら永井先生が言う。

私は「そうですかあ・・」としか言いようがなかった。

「子どもたちもそうだけど、永井先生と子どもたちの関係が大変になりそうだな」と思った。

第4話　顔の文字が読めます

四月八日、入学式はとりあえず無事にすんだ。とはいえ、生徒会役員以外の二、三年生は参加していない。まともな学校ならば、上級生全員で新入生を迎えるのが普通なのに、寂しい入学式だった。

入学式の後、最初の学級活動の時間となった。私の学級には、越田翔太に次ぐ「問題児」とされる田宮和樹、女子で最も指導が難しいと申し送りのあった柴崎理恵がいる。しかし、二人以外にもさまざまな問題を抱えた子どもたちが多い。外国籍の子どもも数人いた。中国、アルゼンチン、タイ、フィリピン・・・国際色豊かといえば聞こえはよいが、日本語もたどたどしい子どもたちもいて、先が思いやられる。学年の約半数が要保護か準要保護の家庭でもある。

子どもたちとの最初の出会いは、長年教師をしていても緊張する。担任する教室のドアを開ける瞬間が緊張のピークとなる。私は愛想のよいほうではない。むしろ人と話すのが苦手で、一人でいることが好きである。笑顔をつくることも苦手。だから、私の第一印象は、教師からも子どもからも「怖い感じの人」となる。

この日はなんとか笑顔をつくって教室へ入ろうと決めていた。ドアを開ける。普通の新入生の学級ならば子どもたちは各自の指示された場所に座り、緊張しながら教師を待っているはずである。しかし、この学級は違っていた。座っている子どもは少数で、あちこち数人で集まって大声でしゃべっている。床でプロレス技をかけ合っている生徒たちもいる。座っている生徒の中には、顔を伏せている生徒、悲しそうな顔でうつむいている生徒もいた。

私は一瞬躊躇したが、「座りなさい」とできるだけ穏やかな声で指示をした。全員がなんとか座ったが、田宮和樹の席があいている。「田宮さんはどうしたのかな」と聞いても、学級からは反応がまったくない。そのうちガラリと前のドアが開き、田宮和樹が堂々と教室に入ってきた。私はムッとしたが、「田宮さん、どうしたの」と穏やかな口調で呼びかけた。田宮からの返事はなかった。田宮は自席に座るなり、後ろの生徒ににやにやしながら話しかけている。どうやら後ろの松沢紀夫は友達らしい。

私は気分が落ち込んだが、なんとか気持ちを入れ替えて、話を始めた。新任の頃、先輩教師から「最初の日の教師の話は大事だぞ。初日だから、よっぽどの子どもでない限りは教師の話を一応ちゃんと聞く。この教師はどんな教師なのか、怖いのか、優しいのか、厳しいのか、頼れるのか、頼りにならないのか、スキがあるのか、甘く見てもよいのか、鋭い嗅覚で見抜こうとするんだ。だから、四月は一日目からビシッと決めないとならないぞ。スキを見せちゃだめだぞ」とさんざん教わってきた。教師になって数年間はその教えに従って、できるだけ「ビシッ」とした態度で初日を迎えるようにした。そのかいもあってか、生徒には「怖そうな先生」という第一印象を持たせることに成功していた。

しかし、その後、どうも「ビシッとしてスキを見せない」手法に違和感を覚えるようになった。伊田先生との出会いが自分の考え方を徐々に変えたのだと思っている。

教師になって三年目の頃、教育委員会主催の社会科研修会の時に、偶然隣に座っていた人が伊田先生だった。私より一〇歳ほど年上のベテラン教師で西郷隆盛みたいだなあという印象だった。水俣病を自主的に教材化し、子どもたちに考えさせる授業の実践を報告していた。私はその真摯な姿勢に感動すら覚えた。その伊田先生が、「笠原先生、僕たちがやっている自主的なサークルに来てみませんか」と声をかけてくれたのだ。

伊田先生たちがやっているサークルは、全国生活指導研究協議会という全国組織に属し、全国の会員が八千人いるとのこと。市内だけでも五〇人ほどの会員がいるという。私がもっとも驚いたのは、教育委員会や国の研修ではなく、まったくの自主的な団体で、みんな自腹で参加し、勤務を終えた後の夜や、土曜や日曜に公民館などに集まって学び合っていることにあった。とりたてて高い志を持って教師になったわけではない自分にとって、新鮮な驚きだった。

学習会に参加してみると、さらに驚くことが多かった。各自が輪番で学級や学年、学校で実践している生活指導や授業をレポートにまとめたものを報告する。その後、参加者でその実践について賛否両論、遠慮のない意見交換をするのだ。「この実践では、子どもたちに自治の力をつけることはできない」「リーダーのAさんとの会話や対話がほとんどないまま、教師の思いだけで実践を進めている。民主的とは言い難い」「子どもたちが抱えている苦しさにもっと共感すべきだ。交換ノートを利用するなどの手立てが必要だ」など、厳しい指摘が続く。レポーターも反論する。

しかし、話し合いが終わると、和気あいあい、そのままファミレスで食事をしたり、時には居酒屋に繰り出したりもする。レポーターだった先生も「みんなの分析はきつかったけどねえ、でもやっぱりレポーターが一番学べるよ。明日からの見通しができたよ。明日、生徒と会うのが楽しみになった」などと屈託がない。魅力を感じた私はそれからはこのサークルの常連となる。やがてレポートも出すようになり、多くのことを学ぶようになった。

私は、穏やかに話し始めた。

「先生は、笠原昭男と言います。どうかよろしくお願いします。これからの一年間、きみたちとともに学び成長していきたいと思っています。きみたちとは初めての出会いです。先生は子どものころから人と話をするのが苦手で、特に大学をすべて落ちて浪人、浪人って知ってるよね、浪人してからは余計暗くなって、肩まで伸びたふさふさのおかっぱ頭で顔を覆っていました」

ここで子どもたちからクスクスと笑い声が聞こえてくる。四〇代も終わろうとしている私の髪の毛はかなり薄くなっているからだ。

「そうだよねえ。今の先生のこの頭からは、想像できないよね」

突然、田宮和樹が「先生が若い頃のおかっぱ頭の写真見せてよ」と言い出した。

「いやー、困ったなあ、恥ずかしいしなあ。先生はこう見えても照れ屋なんだよ」と返す。

このとき、私は田宮和樹とは、もしかしたら楽しくやれそうかなという予感がした。

「先生は、みかけによらず気が小さくてね、今日、君たちとは初対面でしょ。昨日から緊張していて、不安で一杯だったよ。この教室のドアを開ける瞬間なんて緊張のピーク。足が震えて職員室に帰ろうかなとまで思ったよ」

生徒たちの雰囲気が少し柔らかくなったようだ。笑顔を浮かべる生徒が増えた。

「きみたちも、先生と同じで、不安や心配で緊張している人が多いんじゃないかなあ。誰だって新しいスタートは緊張するし不安になるよね。さっきプロレスをしていた関田さんも大澤さんも、顔には緊張していますと書いてあったよ」

「嘘だあ、顔なんかには書けないよ」と関田。

「先生の隠れた超能力を知らないな。・・・しまった。これは秘密にしとこうと思ったのだけど、先生は人の顔に書かれた文字が読めてしまうという超能力があるんだよ」

「じゃあ先生。俺の顔になんて書いてある？　当ててみてよ」と田宮和樹がやや挑発するように言い出した。

「まて、今、パワーを貯めている。きみたち協力してね。きみたちのパワーをもらわないと、先生の超能力は発揮できないのさ。それではみなさん、目をつぶり先生のイケメンを頭の中に浮かべ・・」

「イケメンが余計だよねえ」と柴崎理恵が笑いながら隣の生徒につぶやく。

柴崎理恵は、派手な見かけの生徒である。女子のボス的な存在で、教師に反抗しクラスをかき乱す、母子家庭である、と小学校からの申し送りがあった子だ。

「いやーごめん、先生のステキな顔を思い浮かべながら」

「先生、おんなじじゃん」という声のあと、ドッと笑い声が起きる。

「まあともかく真剣にやってよ。一言もしゃべっちゃだめだよ。絶対に目を開けちゃだめだよ。左右の手で、耳もふさいでね。見ざる、聞かざる、言わざるになって、先生にパワーをあげると心を込めて念じて下さい。じゃ始めるよ。ハイッ一分間」

面白い時間となった。やんちゃな子どもたちが一心に集中している姿は驚きだ。その間、私はすばやく田宮の傍に行き耳元でささやいた。

「田宮さん、頼みがある。きみの顔には、笠原先生大好きと書いてあることにするから、頼むぜ」

「はい、一分経過。目を開けてね。君たちのおかげでパワー満タン。では田宮さんの顔に書いてある文字を読みます」といいながら真剣な表情で一文字ずつゆっくり読み始める。

「カサハラ　セ　ン　セ　イ・・・えーと・・ダ　イ　ス　キ」

すかさず笑い声。同時に「ウソだー」「なにそれ」の声。

「ウソじゃないよ。田宮さんに聞いてみようか。田宮さん、きみは先生のことを大好きだと思っていたでしょ」田宮は「そのとおり。先生の超能力はすごいぜ」と返してくれた。

次の休み時間に「田宮さんありがとなあ。きみは先生の気持ちがよーくわかる子だねえ」と小声でお礼を言った。田宮は「いやー」と言いながら嬉しそうな笑顔を見せた。小太り気味の田宮が笑顔になると、細い目が顔の中に隠れてしまう。なかなか、愛嬌のある子だ、いいなと私は思った。

その後、バラバラに切った紙を、念じるとつなげてしまう手品を超能力と称して披露した。子どもたちはあっけにとられたようだった。しかし中には「先生、どうせなにか仕掛けがあるんでしょ」と言い出す生徒もいたが、「いや、これも先生の超能力さ」と言い返す。

「というわけで、きみたち十分気をつけてね。先生は、君たちの顔に書いてあることが読めてしまうからね」

それ以来、学級の子どもたちはことあるごとに「先生、オレの顔に何て書いてある？」「私の顔読める？」と私に迫ってくるのだった。おかげで、子どもたちと雑談や会話を楽しむ機会が増えて、とても有効だった。時には深刻な悩みを抱えた生徒が相談に来て「先生、今、私の顔にはなんて書いてありますか？」と言い出し、そこから悩み相談がはじまることもあった。

「あれッ、もう時間だ。じゃあ、宿題だよ」

「えーっ」いう反発の声が一斉にあがったが、それは無視した。

「中学校に入学して心配なこと、不安なこと、楽しみなこと、先生に頼みたいこと、知っておいて欲しいことをこの紙に書いてきてね。他の人には見せないから安心してね。君たちと先生の秘密にしておくよ」

第5話 熱弁はしません

翌日、ほとんどの生徒が紙にびっしりと書いてきた。予想通りだった。入学しての夢や希望を作文に書かせる教師が多いが、そのようなテーマでは、ありきたりの作文しか書いてこない。それよりも不安や心配ごとを書かせた方が、子どもたちの現実を教師がつかめるし、子どもたちにとって、四月は不安や心配の方が大きい。子どもたちの了解を得て匿名で学級通信に掲載して読み合えば、「ああ、みんな不安や心配事があるんだな。自分だけではないんだ」と思いを共有できるのだ。

自宅に帰ってから、全員の文を読み、パソコンに向かった。深夜までかかったが、私にとっては有意義な時間だった。一人一人の子どもたちの思いがストレートに伝わってくる。さっそく学級通信に不安なこと、心配なこと、楽しみなこと、先生に望むことを匿名で掲載した。

帰りの会で学級通信を配ると、生徒たちは食い入るように読み始めた。教室を静寂がつつむ。

・中学校は、部活動がある。どの部活動がいいのか迷っている
・上岡中はとても荒れている。先輩が怖い
・先輩に目をつけられないか心配です
・たばこやナイフを持って来ている先輩がいるらしい。なんとかならないのか
・落ち着いて勉強したい。大丈夫かなあ
・昨日、怖い先輩に「オイッ」って声をかけられた。怖かった
・学生服が窮屈でいやだ
・トイレとかが汚くて、きれいにして欲しい
・バスケ部に入って、レギュラーを目指すぞ
・英語の授業が楽しみです
・先生、どなったりしないでね。今日みたいに楽しい先生でいてください
・教科ごとに先生が替わるので、先生たちとうまくやれるか心配
・兄がいるので中学のようすはわかっているつもり。先輩たちのようにならないように、勉強や部活動に頑張るつもりです

うなずきながら真剣に読んでいる生徒が多い。

「みんな不安や心配、そして楽しみも持ちながら中学校生活がはじまったんだね。この教室に入ると、なんだか気持ちが落ち着いてほっとするなあ、と思えるクラスをつくりたいね。明日からもよろしくね」と私は結んだ。

教師になりたての頃、学級の初めの日には、私は熱弁を振るった。

「いよいよ中学校生活がスタートする。学級の仲間は家族と同じだ。悩みがあったらどんな小さなことでも話して欲しい。そして、みんなは一人のために話し合っていこう。この一年間を、人生で最高の思い出に残る一年間にしていこう！」

しかし、このような熱弁には落とし穴があることや、生徒たちの立場から考えるとあまりよいことではないなと考えるようになった。「子どもたちはカバンの中に社会や生活現実を入れて登校してくる」という言葉がとても印象に残ったのだ。育児放棄やＤＶを受けて苦しんでいる子どもは、私の熱弁をどう受け止めるのだろう。

「学級が家族だって。かんべんしてくれよ。この教師はなにもわかっていない」

小学校の時、ひどいいじめにあった子どもはどう思うのか。

「みんなは一人のために話し合うだって？　この教師には相談できそうにない。相談するとすぐ他の生徒に言ったり、話し合ったりしそうだ」

「家族だの、人生の最高の思い出だの、そんなのどうでもいいよ。熱血は苦手だ。そんなことより俺はひたすら目立たないように、先輩から目をつけられないように静かに暮らすんだ。余計なおせっかいすんなよ」

それ以来、私は、熱弁は避けて、不安や心配や楽しみを書いてもらうことから四月をスタートすることにしたのだ。先輩の教師は四月が肝心、ビシッと躾けなきゃというけれど、それは違う。きっと四月、五月は子どもたちに教師として認めてもらう時期ではないかと思えるようになった。この先生なら少しは信頼できるかな、困ったら相談できる相手かなと思ってもらえたらしめたものだと。そのためには、熱弁を振るうのではなく、具体的な場面での教師の言動の方が大切だと思うようになった。

四月、教師は忙しいが、子どもたちとはゆっくり、ゆったり、彼らの息遣いが身近に感じとれるようになりたいと思う。

第6話 平和レベル5（ファイブ）

四月は、学級での決め事が多い。班をつくる、座席を決める、学級代表委員を決める、生徒会の専門委員を決める、学級内の係を決める、給食当番や掃除の分担を決める・・・。なかでも学級目標を決めることはこれからの学級の目指す方向を決める上で大切なものの一つだろう。アンケートをとり、生徒の投票で決める、班で話し合い一つか二つ案を出させて、その中から学級全体での話し合いや投票で決めるなどいろいろな方法がある。私は班で話し合って出させる方法を取ることが多かった。そのほうが班活動が活発になり、班のまとまりが強まるという効果がある。だが、結局はキレイごとの言葉遊びになり、途中からただクラスに飾ってあるだけになることが多かった。

この年、私はもっとインパクトのある学級目標のつくり方はないものかと思いを巡らせていた。だが、なかなかこれだという方法が思いつかない。そんななか社会科の授業のため、火山噴火災害のサイトにアクセスしたとき、ふと、あるアイディアが浮かんだ。そうだ、今年はこれでいってみようと決めた。

翌日早めに出勤し、模造紙を縦半分に切り、横長につなげた。そこに「平和レベル5〜平和交渉・平和的解決〜」とマジックで大きく書き、子どもたちが登校する前に、教室の黒板の真ん中に貼り付けた。私は子どもたちの反応が楽しみになり、教卓の椅子にずっと座っていた。

一番早く登校してきたのは山本雄太だった。

黒板を見た山本雄太は、「先生、これどういう意味ですか」と小声で聞いてきた。

「山本さん、一番乗りだね。いつもなのかな？」

「うん、ぼくがいつも一番さ」

「そうかあ、えらいなあ。この意味はねえ、うーん秘密さ。山本さんはどう思うの」

「ぼくにはよくわかりませんよ。でも、もしかして、戦争に関係ありそうかな」

「おー、なかなか鋭いかもね。山本さんは戦争に興味があるの」

「僕は、軍艦とか戦車に興味があって、模型も作ってるんだ。家に来ればわかるよ。僕がつくった大きな戦艦大和の模型があるよ」

山本は、学習障がいの可能性があり、他の子とのコミュニケーションも苦手で、いじめられやすいと小学校からの申し送りがあった。この朝、山本と会話ができたことが嬉しかった。この子が嫌な思いをしないクラスにしたいと思った。

やがて次々と生徒たちが教室に入ってきた。黒板を見て、「先生なにこれ、どういう意味」と興味を示す生徒も多かったが、なかにはチラッとみて反応を見せない生徒もいる。チラッと見るどころか、仲間との話に忙しくて黒板を見ない生徒たちもいる。生徒はいろいろだなあと私は思った。柴崎理恵とその仲間が教室に入ってきた。黒板をちゃんと見ている。

「先生、これなに？　意味がわかんーなーい」と大きな声で聞いてきた。

私も大きめな声で

「自分で考えてみてよ。きみたちはもう中学生なんだから、これくらいの意味はわかってあたりまえだよ」とちょっと挑発するように言ってみた。

「ケチ！　ねえ、おしえてよー」とわざと甘えるような声を出した。

「あー、この子はきっと母親とはうまくいっているな」と私は直感した。派手で、教師に反抗するとの申し送りだったが、きっと教師側の対応の仕方でこの子は変わるのではないかと思った。

私は、思い切って柴崎理恵に声をかけてみた。

「柴崎さんは、お母さん大好きだろ」

「えっ、先生どうしてわかるの？」

「ほら、先生の超能力だよ。柴崎さんの顔に書いてあるよ」

「えー、先生ってホントに超能力者！」

「ねえねえ先生、理恵のお母さんてすごくきれいなんだよ。理恵は可愛いけどお母さんは超美人」と理恵の仲間の植田桃花がまるで自分の自慢のように言う。理恵もまんざらではないような表情をしている。

「理恵とお母さん、しょっちゅういっしょに買い物してるよね」と桃花。

「うん、私はママと仲良しだよ」と本人が言う。

「先生ってなんでわかるのかなあ」ともう一人の理恵の仲間の黒島美香が言う。この子たちとは楽しく過ごせるかもしれないと思った。しかし、そのためには学校の荒れた状況をなんとか改善しなくてはならない。すぐには無理でも少しずつ正常にしていきたいと私は気を引き締めた。

子どもたちは「先生、意味を教えてよ」と毎日私に迫る。そのたびに「中学生なんだから、自分たちで考えな」と突き放す。突き放せば離すほど子どもたちの興味は高まる。理科が得意だという黒田直樹は、メモを見せに来た。「先生、これ、災害のレベルのことじゃない。レベル5ってのは最悪の災害が近づいているので、すぐに避難しなさいってことだよ」「残念だなあ。違うよ。でもよく調べたなあ、立派、立派」

黒田直樹は悔しそうな表情を浮かべている。彼は算数や理科が得意だが、独善的なところがあり、まわりの生徒から信頼されていないと申し送りに書いてあった。しかしこの子はきっとこのクラスを知的にリードしてくれそうだなという予感がした。

学級目標を決める日になった。

「さて、この時間は学級目標を決めるよ。どうやって決める?」

生徒たちからの反応はない。学級目標なんてどうだっていいという感じであった。

「あのね。先生はこの黒板に貼った、平和レベル5を学級目標にしたいと思っているんだよ。この言葉に君たちはずいぶん興味をもってくれたよね。なかには自分で調べてきて、戦争に関係がありそうとか、災害のことかなとか言いに来てくれた人もいたね。素晴らしいよ」

「先生、ほんとの意味はなに? はやく教えてよ」と田宮和樹がぶっきらぼうに言う。

「うん、これから説明するよ。

平和レベル1は、暴力や暴言、いじめがはびこっていて手を付けられないようなクラス。

2は、1ほどじゃあないけど、いじめや暴言がひどくて、いやな思いをしている人が多いクラス。

3は、このままじゃまずいと思う人が何人かいて、嫌な思いをしている人を守ろうという動きが出てきたクラス。

4は、先生とクラスの多くの人たちが力を合わせて話し合ったりしながら、なんとかいじめや暴言を止めさせようと努力しているクラス。

5は、クラスの人たちが自分たちのちからで話し合いながら問題を解決し、だれもが住みやすい平和なクラス。

平和交渉というのは、問題を解決するためにみんなが同等の立場で冷静に話し合えること。平和的解決というのは、暴力や脅しで相手を押さえつけるのではなく話し合って、互いの思いを理解しあって解決すること」

「世界は二度の世界大戦でおおぜいの人が犠牲になったことは知ってるよね。そこで、第二次大戦後、国際連合という世界的な組織をつくって、問題が起きたら話し合いで解決しよう、二度と悲惨な戦争はしないようにしようと誓ったんだよ。日本も今の憲法をつくって、二度と戦争はしません、だから軍隊や武器は持たず、相手を信頼し、話し合いによって平和的に争いを解決すると決めたんだ。もちろんそれでもテロとか紛争が各地で起きているけれど、世界の多くの人たちは、平和交渉・平和的解決、そして平和レベル5を目指して努力しているんだ。・・どうだい、この学級目標はすごくないか。世界の多くの人たちの願いが込められているんだよ。

この目標でよいかどうか、各班でしっかり話し合ってみてよ。もちろんこれは先生の考えだから、きみたちに押し付けるつもりはまったくないよ。きみたちが、もっと違う目標がいいというならばそれでいい。大事なのは、先生が言ったから従うのではなく、きみたちの頭でしっかり考える事だ」

各班とも班長が話し合いを進めている。四月の最初の班は、私が出席番号順に男子と女子を組み合わせてつくったものだ。荒れた学級では、四月とは言え、教師が相当配慮して作らなければならないが、中学校へ入学したての子どもたちなので、まずはようすをみることにした。

学級をより民主的な集団にするためには、班の存在は重要だと私は考えている。ほっておけば一人一人バラバラになりかねず、孤立ぎみの子どもは放置されたままになる。班をつくりいろいろな活動に取り組ませることで、班のメンバーを意識し、うまくすると居場所となることもできるのだ。ベースキャンプといってもよいかもしれない。

「最初だから、先生がつくったけど、やがてきみたち自身がきみたちにとって最もよいと思う方法で作っていいんだよ。それはきみたちが成長しているということだからね。班を替えた方がよいと思ったら、いつでも提案していいよ。そしてクラスみんなで話し合って変えた方がよいとなれば、知恵を集めて、君たちの多くが納得できる方法で変えるべきだと先生は思うよ」と、私は最初の班を作る時に必ず説明する。

「班長を決めてもらうけれど、どんな方法でもいいよ。中にはじゃんけんもあるかもしれない。自分から引き受けてくれる人もいるかも知れない。推薦されて班長になる人もいるかも知れない。一日交代でもいいよ。

当面、班長さんの仕事は班会議の司会をすることだけです。班会議では、班員一人一人の意見を聞いて、班としての意見をまとめる事です。それから、大事なことがあります。どんな方法で班長さんを決めたとしても、決めた側、選んだ側に大きな責任があるということになります。それは自分たちで選んだ班長さんに協力すること、班長さんの指示に従うということです。

ただし、班長さんの指示があいまいだったりしたら、もっとしっかり指示してくださいと丁寧に要求することができます。勝手な事ばかりしている班長さんを批判し、場合によってはやめてもらうこともできます。逆に班長さんはもし班の人が協力しないで、あまりにも指示に従わない場合は、班長をやめてもかまいません」とリーダーシップとフォロアーシップの関係を説明することも忘れないようにしている。

どの班も私の提案に賛成ですとなった。

「ありがとう、これで平和レベル5という学級目標は、きみたちの目標となった。先生も努力するけれど、クラスは君たちが主人公なのだから、きみたちのちからを合わせて、この目標のもとに、だれもが居心地のいいクラスにしてください」と話し合いを閉めた。

私は、四月は子どもたちどうしが少しでもつながれるように、このクラスは楽しくなりそうだと思えるように、レクやゲームをたくさんするようにしている。この年、子どもたちの自己紹介は、班ごとに「好きな食べ物、嫌いな食べ物を言った後、自分の氏名を言う。次の生徒は前の生徒の好きな食べ物・嫌いな食べ物と氏名を言った後、自分の紹介を同じようにする」という方法で行った。この方法は、相手に対する親近感が湧き、距離が近くなるというメリットがある。

その後は、班対抗しりとり合戦などなど、子どもたちが乗ってくるゲームをする。このようにすると、一気にクラスのムードが柔らかくなり、子どもどうしがつながりはじめる。中には、このようなゲームに乗れない子どもや、暗い表情の子どももいる。逆に先頭に立って引っ張る子どももいる。教師にとって、そのような子どもの状態を発見し、これからの指導の見通しを立てる上でも大切である。レクやゲームなどの活動を通じて、子どもたちの実態が見えてくるのだ。何も活動させなければ、子どもたちの実態をつかむことはできない。

第7話 授業にならない

　こうして、私の学級は、予想以上に順調なスタートを切った。しかし、上岡中学校はそんなに甘くはなかった。私は二年生の社会科の授業を持っている。最初の授業の日。多くの教師は十分準備をして、子どもたちに「この授業は面白そうだ」と興味を持ってもらうために工夫を凝らす。その日、二年一組の教室へ入った。準備は万端。だが、予想以上の生徒たちの姿に立ちすくんだ。ほとんどの生徒が席についていない。あちこちでおしゃべりや悪ふざけをしている。私が教室に入っても、ほとんど気にかけていない。机も雑然としていて、掲示物もほとんどなく、破れている物も多い。カーテンもボロボロ。

「すさんでいるなあ。四月の教室とは思えない」と思った。

　気を取り直して席へ着くように指示した。なんとか座らせたが、どうもようすが変だ。三四人いるはずだが、三分の一くらいが空席となっている。「いない人はどうしたの？」と聞いても、まったく反応がない。廊下に出てみると、多くの生徒がたむろしている。

「授業がはじまったよ。教室に入りなさい」とできるだけ穏やかに声をかけた。「誰？　この教師」という露骨な表情をしながらも、少ししてから渋々と教室に入り始めた。私はほっとした。

まず、私の自己紹介からはじめた。が、子どもたちはほとんど話を聞いていない。あちこちで雑談をしている。大声で話をしている生徒に「話をやめなさい」と言うと、「うるせえな。俺だけじゃねーだろ」と凄まれた。ガムを噛んでいる生徒がいたので、「ガムをかむのやめなさい」と言うと、窓の外に向かって「ペッ」と吐き出した。驚きの連続に、私は気持ちが萎えはじめた。何とか気を取り直して、歴史の面白さについて、用意した教具を使って話をはじめた。

突然、「先生、気持ち悪い」と数人の生徒が言い出した。「どうした？」「タバコの煙」。そう言われてみると、教室の外から、タバコの匂いが入ってきているようだ。廊下に出てみると、トイレの前に数人の男子生徒がたむろしていて、そこから匂ってきているようだ。吸っている現場を見ていないので、私はとりあえず「授業が始まっているよ。教室へ入りなさい」とやや大きめの声で注意した。「それにしても、隣のクラスの先生は注意しないのだろうか。どうなっているんだ」と考え、思い切って隣の教室のドアをあけた。

「先生、二組の生徒が、廊下にいますよ。入るように言いましたが、先生からもお願いします」

二組は、英語の授業中で、小森恵子先生の授業だった。小森先生は去年まで他校で一年間、臨時採用の先生をしていたが、晴れて教員採用試験に合格し、今年、私と上岡中に異動してきた。優しそうな先生だった。私は、「ああ、無理もないなあ、あの子たちの指導をするって、きついだろうな」と思い直した。

たむろしている生徒たちのところに行って、「きみたち、教室に入ろうよ。英語も最初の授業だし、小森先生の話をまず聞こうよ。僕は社会科の笠原昭男と言います。今年来たばっかりです。明日、二組でも授業があります。よろしくね」

子どもたちは、「はー、それがどうした」という表情だったが、私はそれを無視して、「なんだかおもしろそうなメンバーだね。先生は一組で授業中だから、これ以上いられない。今は先生の頼みを聞いてよ。また後でいろいろ話そうよ」

彼らは、なんとか教室に入った。後で小森先生に聞くと、小森先生の話は全く聞かず、授業にならなかったという。

「自分も同じでしたよ。きついねえ。次の授業から何か工夫しないと授業にならないね」

と返した。「小森先生、つぶれないといいけどなあ」と心配になった。

二年生の学年主任は、松崎浩平先生。四〇代半ばの数学の教師である。穏やかで信頼されている先生だが、二年生の子どもたちの荒れ方にほとほと手を焼いていて、半ばあきらめているフシがある。私は授業後、松崎先生にことの顛末を報告した。松崎先生は「フーッ」とため息をついたあと、「すみませんねえ。迷惑をかけます」と言ったまま、遠くをみるような表情になった。「これ以上言ってもきつそうだな」と私は感じた。

二年生の授業をどうするか？　私は迷い、考えあぐねた。今まで、荒れた学校はずいぶん経験したが、まったく授業にならない事態は初めてだ。迷ったまま次の授業に臨んだ。昨日よりは少し静かに感じたが、私語はあいかわらず、最初から寝ている生徒も多い。教科書さえ用意していない者も複数いる。

「この子たちは小学校からまともに授業を受けられず、基本的な知識が身についていないし、もしかしたら誉められたり、認められた経験がほとんどないのではないか。だから投げやりになっている。この子たちを中学二年生と思わずに、もっと自信をつけさせる授業が必要かもしれない」と私は考えた。

次の授業からは、自作のプリントを用意した。歴史の教科書を見れば、誰でも答えがわかる穴埋めプリントだ。たとえば、江戸幕府を始めた人物は（　　）である、といった簡単なものを一〇題出題し、全部埋まったら見せにこさせ、合っていれば大きな〇。全問正解ならば大きな二重花丸をつけた。どうなるかなと半信半疑だったが、予想以上に反応がよい。バカ騒ぎをしている生徒たちも見せに来た。

「おーすごい九問正解。やるなあ！　あと一問で花丸だよ」というと、「チェッ、悔しいぜ。次は全問正解するからな」と良好な反応。

「ああ、この子たちは、どうせ自分たちは・・・と投げやりだったんだな。ちょっとずつでいいから自信を持たせることが大事だな。授業以前のところでこの子たちは実は苦しんでいるんじゃないか」と私はあらためて思った。

プリント学習は順調に進み始めたが、いつまでもそうしてはいられない。子どもたちもすこし飽きてきて、再び私語が目立つようになってきた。「どうしたもんかな」、私は迷った。その時、荒れていた学級を受け持った小学校の先生が、苦肉の策として、授業の始めに五分間だけ絵本の読み聞かせをしたら、ずいぶん授業に集中するようになったという話を思い出した。自分も試してみようと考えた。

次の時間、私は、絵本版「ああ、無情」（レ・ミゼラブル）を用意した。

「これから授業のはじめに物語を読むことにしました。歴史にちょっぴり関係するものを選びました。きみたちが集中して聞いてくれたら、しばらく続けるようにします。ものは試し、まず聞いてね」と言いながら、絵本を読み始めた。内容もよかったのかもしれない。予想以上に生徒たちは集中して聞いている。五分たった。「今日は、ここまで」と言うと、「えっ、もう終わり？　もっと読んでよ」という声があちこちからあがった。私は「しめしめ」と思いながら、「次の授業のお楽しみだよ。しかしきみたち、集中して聞いていたねえ。君たちにはちからがあるんだなあ。感心したよ」と誉めた。

第8話 おい、おめえら・・・・

新入生が部活動に参加し始めた矢先に、野球部で事件が起きた。野球部の三年生が、一年生五人に暴力を振るったのだ。おまえら新入生のくせに、生意気だ、口のきき方を教えてやると言いながら、ビンタや腹へのパンチを見舞ったらしい。私のクラスの吉井康太も殴られた。彼は自分から学級代表に立候補し当選した子だ。

その日のうちに、保護者たちが次々と来校した。吉井康太の父親がやってきた。校長室に入るなり、

「おいおめえら、おれの息子をどうしてくれるんだ」と息巻いている。ガタイが大きく、迫力がある。野球部顧問の時田雄一先生が「もうしわけありません」と深々と頭をさげた。しかし、父親の興奮は納まらない。

「おめえら先公が何もできないんだったら俺が相手の家に乗り込んで、落とし前をつけてく

る。相手の家を教えろ」と息巻いている。

校長先生が「まあまあお父さん、お座りください。お願いします」と丁重に声をかけても、仁王立ちしたままである。

「お父さん、私は康太さんの担任の笠原です。よろしくお願いします。康太さんは学級代表に立候補してとても頑張ってくれています。私も今回のこと、とても悔しいです。ともかく座っていただいて、これからのことを相談させて下さい、お願いします」と丁重に声をかけた。父親は渋々ソファーに座った。明日の夜七時に学校へ加害者の三年生と保護者に来てもらう。そこで被害者の一年生本人と保護者に謝罪してもらい、二度とこのような事を起こさないと約束させる、という段取りを教頭先生が説明した。

「あのなあ、今日のところは引き下がるけどな、またあったら俺が直接相手の家にいってぶんなぐってくるから、お前らそのつもりでいろよ」と言い残して帰っていった。

吉井の父親は元暴走族の頭だったと後で知った。次々と被害者の保護者が来校した。驚いたのは多くの保護者が吉井の保護者と同様に、元暴走族だったということだ。この学区にはそういう保護者が多いという事に改めて気づかされた。

そんな現実の中、四月の第一回保護者会に向けて、私たち一学年職員は次のことを確認し合った。

・上岡中で起きていることを隠さず率直に保護者に伝える
・「保護者のみなさんとともに力を合わせて改善していきたい」という思いを伝える
・そのために、毎月一回、授業参観と保護者会を開催する

「先生たちが、上岡中で起きていることをちゃんと伝えてくれてよかったです。もしそうでなかったら強く抗議しようと思っていました」と発言してくれた保護者もいて、やってよかったなと私は思った。月一回の授業参観と保護者会は、多忙な教師にとってけっして楽ではないけれど、おかげで徐々に保護者と率直に交流する機運が生まれてきた。吉井康太のお母さんは、翌年、PTA会長にもなってくれた。

野球部の顧問の時田先生は教師になって二年目の若い先生である。背が高く真面目な青年という印象だった。彼はすっかり落ち込み、疲れ果て、気弱な表情を見せている。これから先のことを思い、私は心配になった。

私が顧問のサッカー部も、他人事ではない。三年生が七名いるが、学校をかき乱している子どもが集まっている。他校との練習試合の時に、さっそく私はその洗礼を受けた。その日はもう一人の顧問で三年生担任の斎藤先生が休みだった。斎藤先生は三〇代前半で上岡中学校六年

目。ずっとサッカー部の顧問だった。しかし彼は、サッカー部の三年生を指導することを諦めているように思える。

　その日、私はレフリーを務めていた。フォワードの飯森が意図的に足を掛けて相手選手を転ばせた。すかさず笛を吹き、イエローカードを出した。

　ところが飯森は「おい、てめえ、なんで今のが反則なんだよ。てめーなめるんじゃねえよ」と食って掛かってきた。

「あきらかにわざと足をかけた。反則だ。従えないなら、退場してくれ」

「ふざけんな、テメー」

　飯森は私の胸倉をつかんできた。キャプテンの佐藤が、飯森を後ろから羽交い絞めにしてとめてくれて、事なきを得た。飯森はつかんだ砂を地面に投げつけてグラウンドから去っていった。キャプテンの佐藤は、三年生の中ではしっかりしていて、責任感もあり、とっさの判断で止めてくれたようだ。

　私は暗澹たる思いに駆られた。この子たちの代で正常な部活動にするのは厳しいなあ。部活に出るのが気が重い。それに、一年生で最も指導の難しい越田翔太も入部しているのだ。その日はまだ四月半ばだったので、一年生の参加はなかったので少しほっとしたのだが。こうして私は多難な新学期のスタートを切った。

第9話　どうせ俺が悪いんだろ

私の学級は、比較的順調なスタートだった。しかし、一組の越田翔太は予想通り手ごわい生徒である。最初の学年集会の日、一年生全員体育館へと向かっていた。二組の生徒を送り出した後、一組の教室を見ると、越田翔太が一人、机に突っ伏している。

「越田さん、体育館へ早くいきなさい」

翔太は眠そうな顔をあげたが、

「うるせえな！」と言いながら、反抗的な眼差しを私に向けた。

「みんなもう体育館へ行ったよ。早く行きなさい」

「うるせーってんだよ」と凄む。

これが翔太との出会いだった。私は迷ったが、それ以上言うとこちらに向かってきそうだったので、

「そうか。じゃ、先生は体育館にいくよ」と言ってその場を離れた。難しい子だなあ。全身で教師を拒否している感じだな。彼とどうしたら話ができるんだろう。どうしたらつながれるんだろう。私は思いあぐねた。

翔太はさっそく暴力事件を起こした。ある日の休み時間、同じクラスの倉持健吾を廊下で殴ったのだ。知らせを受けて駆け付けると、殴られた倉持は唇を切り泣いていた。翔太はなにやら大声でわめいていて、まだ殴りかかろうとしている。私は翔太を後ろから羽交い絞めにしようとした。しかし、翔太の暴れ方は尋常ではない。とても一人では止められない。後ろ足で何回か蹴られた。他の先生も駆けつけてきた。担任の村沢先生は体育の授業で校庭に出てしまっている。教師四人がかりで翔太の手足を必死で押さえつけた。

「翔太、落ち着け」何度も呼びかけ続けた。二〇分ほどして翔太の身体からちからが抜け始めた。床に座り込んだ翔太は、

「どうせ俺が悪いんだろう。いつもそうだ」と涙を流しながら、何度も同じことを言い続けた。

この年、攻撃する相手は違っていたが、同じことが何度かあった。そして興奮が納まると、

「どうせ俺が悪いんだろう。いつもそうだ」と言いながら涙を流すのだった。どうして翔太は、突然、暴力を振るうのか。その後どうして俺が悪いんだろと言って涙を流すのか。しばらく後に翔太と話ができる頃になって、翔太はそのわけをようやく話すようになった。

第10話 先生、暴れるのやめてください

私は、五〇歳に近いという年齢のせいもあるが、疲れがたまっていた。給食を食べた後の昼休みは、教卓に突っ伏してぼーっとしていることが増えた。職員室に戻らず教室にいるのは、何かあってもすぐに対処できるし、子どもたちと交流することができるからだが。

教員には休憩時間はあってないに等しい。労働基準法では、八時間勤務の場合は六〇分の休憩時間を使用者が保障しなければならない。休憩時間は、一切拘束されない時間で、校外に出て私的な用事をすませたり、休息してもよい。しかし、教員にはそんな時間はない。おかしなことである。

私が教卓に臥せっていると、頭をなでたり、後ろからつつきにくる男子が増えてきた。やんちゃで可愛い子たちである。彼らは、教室や廊下で戯れたり、プロレスもどきの遊びをしていることが多い。

「なにするんだあ！　先生の昼寝をじゃまするな」

それでもまた頭をなでにくるので、私は彼らを追っかけて、彼らを捕まえる。手を離すと逃げる。また追いかける。そんなことが何度か繰り返された。私もなんだか楽しくなってしまったのだ。

帰りの会は一日を振り返る大切な時間だと考えている。その日、どんなことに頑張れたか、嬉しいことがあったか、問題点はなかったかなど確かめあう時間である。部活動もあるので、十分程度で終わるようにプログラムを組んである。私がもっとも重視しているのが「班からの意見」というプログラムだ。各班で簡単な班会議の後、他の班やクラスの人に伝えたいこと、自慢したいこと、嬉しかったことなどを自由に発表する時間だ。

その日、二班が手をあげて発言した。

「先生に言いたいことがあります」二班の山田絵美がややきつい表情で言い始めた。

「えっ、先生なにかしたかなあ」

「先生、昼休みに男子たちと教室で暴れるのはやめて下さい。静かに読書をしている人もいます。私もそうです。うるさくて迷惑です。平和レベル5に違反しています」

教室のあちこちから拍手がわく。

「そうかあ・・・、悪かった。もう暴れません」

直立不動の姿勢でおおげさに謝った。

「でも、清水さんたち男子も、静かに昼寝をする私にちょっかいを出すのはやめて下さい。睡眠妨害です。平和レベル5違反です」

清水さんどうですかと司会。

「・・・うーん、前向きに努力します」

大爆笑となった。清水は小柄で、まだ小学生に見える。勉強が大の苦手。でもとても気さくで気のいい子である。

「子どもになめられないように、適当な距離をとることが大事だ」と先輩教師に言われたことがあるが、私は納得できていない。子どもと一緒に遊ぶことは楽しい。たとえ中学生でも遊びごころが大切だと私は思っている。

帰りの会での私への意見は、私という教師への信頼があるからだろう。子どもたちなりに、この先生は、自分たちの気持ちをちゃんと受け止めてくれる人だという思いがなければ意見など言えるはずがない。私は、この日の帰りの会がとても楽しかったし、とても嬉しかった。

担任に意見を堂々と言えたわけだから、これから問題が起きても自分たちで考えを出し合いながら自分たちで解決できるクラスになっていくだろう。そのちからを育てることが教師の大切な仕事なのだと私は思っている。今日はその第一歩を踏み出したのだ。教育の大きな目的は、子どもたちに「自治」のちからを育むことだから。

第11話 山ちゃんのシャープペンの芯

五月の連休が明けた頃のこと。深夜一一時過ぎに山本の父親から電話が入った。

「先生、俺の息子は、いじめられているんじゃないのか」

突然の電話と話の内容に私は驚いた。父親は少し酒も入っているようだ。口調が荒い。

「息子のシャープペンの芯が、どんどん無くなっているんだよ。俺は、毎日息子の芯入れを見ているんだが、ここんところ一日でほとんどなくなってるんだよ。残っている芯も折れているんだ。誰かが息子の芯を盗むか、いじめて取ってるんじゃないのか。息子に聞いても、ああいうやつだから、わからないって言うだけだ」

「お父さん、わかりました。気づかなくてすみませんでした。すぐ調べますから少し時間をいただけますか」

「おれはいじめだと思うぜ。あいつは小学校の時もずいぶんやられてきたんだ。すぐやめさせてくれよ」

「わかりました。お父さん、教えてくれてありがとうございます。しっかり調べて、いじめがあったらやめさせるように指導します」

私は、半信半疑だった。この一か月の子どもたちのようすからすると、山本へのいじめがあるとは思えなかった。しかし、いじめは教師の見えないところで行われる。見逃しているのかもしれない。眠れない夜となった。

翌日、いくつかの手を打つことにした。

朝の学年職員打ち合わせで、学年の先生に事情を話し、山本やクラスのようすをよく見て下さいとお願いした。二組の授業に出ている先生たちにも同じことを伝えた。校長先生にも事情を伝え、これからの指導方針を説明しておいた。

朝の会が終わった後、山本を学年の会議室に呼んで、まず聞いてみた。

「山ちゃん、昨日お父さんに聞いたけど、シャープペンの芯がなくなったり、折れたりしてるんだって」

「うーーん、そういうときもあるかな」とはっきりしない。

「誰かに取られてるとか、折られたりしていない？」

「うーーん、ないと思いますよ」とこれもはっきりしない。

「もしね、そんなことがあったらすぐ先生に教えてね」

「うーん、わかりました。そうします」

一時間目の休み時間、学年会議室に学級代表の吉井、河田、各班の班長を集めた。

「ここに来てくれたきみたちを信頼して、先生から大切な頼みがあるんだ」

生徒たちは神妙な表情をしている。

「山ちゃんのことなんだけどね、家の人から、山ちゃんのシャープペンの芯入れから、毎日のように芯がすぐなくなってしまっていたり折れてしまっていたりする、誰かが盗ったり折ったりしているんではないか、いじめられているんじゃないか、と相談があったんだよ。家の人はとても心配されているんだよ」

「えーっ、先生、うちのクラス、そんなことする人はいないと思うけどなあ」と吉井。

ほかの班長たちもうなずいている。

「先生もそう思ったのだけど、見えていないのかもしれない。で、きみたちに頼みってのは、山ちゃんの様子をよく観察して欲しいんだ。頼める？」

帰りの会が終わった後、毎日彼らを集めて、その日のようすを聞いた。

「先生、よく見てたけど、山ちゃんから芯を取ってる子、いないよ」と吉井。ほかのメンバーも同じ答えだった。

「山ちゃんはね、授業中でも芯入れから芯をだして、いじってるんだよ。時々床に落として折れちゃったりもしてるよ」と山本の班の班長の石田が言いだした。石田は勉強が嫌いでゲームに熱中しているが、気の良い生徒である。

「そう！　私も見たよ」

他のメンバーからも見たという証言が次々と出てきた。

「そうか、すると山ちゃんは、自分で芯を落としたり折ってしまったりしてるってことだね」

「たぶんそうだと思うよ」

「そうかあ、でも山ちゃん、どうしてそんなことしてるんだろうね」

「たぶんね、授業がわからなくてつまんないんだと思うよ」と石田が言うと、

「石田もおなじだろよ」と友達の川島が突っ込む。

石田は頭をかきながら
「ばれたか。でもおれは、頭のいいやつ、たとえば滝沢さんとかにちゃんと聞いたりするぜ。えらいだろ」

「自慢するほどじゃないだろよ。でも石田さんは聞けるだけまだ救われてるけど、山ちゃんて、誰かに聞いたりしないだろ？」と私。

「小学校の時からそうだよ。あいつ、俺たちと遊んだり話したりするのが苦手みたいだし、小学校の時にバカにされたりしてたからよけいだな、きっと」と石田。

「そうかあ、山ちゃん、ちょっとつらいね。でも、きみたち、ありがとうね。これからも山ちゃんだけでなく、クラスの子で、困っていたり、いじめられたり、気になることがあったらすぐに教えてね。先生もよく見るようにするけど、何よりもきみたちのちからがないと、平和レベル5にならないからね」

「先生、このクラス、今でもけっこういいですよ。小学校の時に比べたら全然平和」と河田が言う。「私もそう思う」と木村。

「よかった。でもね、これからどんなことがあるかわからないし、上岡中は荒れてるからね、どうなるかわからないよね。きみたちと一緒に少しずつ平和な学校にしたいなあ」

いじめやトラブルの解決は一筋縄ではいかない。しかし、子どもたちは現実の問題を仲間や教師と共に考え解決するために行動することで、成長するのだと私は思っている。だから、今回の山本のことも、教師だけが取り組むのではなく、生徒自身に考えさせ行動してもらうことにしたのだ。

学年の先生や授業に出ている先生に聞いても、子どもたちの報告と同じだった。

電話があってから三日目の夕方、山本の自宅を訪問した。私は、なにかあったら、できるだけ自宅に行くようにしている。もちろん来てほしくない家については無理はしないが。

山本の自宅は、学校から程近い一戸建ての平屋の家である。築四〇年くらいだろうか。座敷に通された。山本が言うとおり、六畳の畳の部屋に大きな軍艦の模型が置いてあった。

「お茶、おいしいですよ。ありがとうございます。学校にいると、ゆっくりお茶を飲む時間もないので、ありがたいです」

「先生、わざわざ家まできてもらってありがとうございます」

このお母さんきっと苦労しているなと私はすぐに思った。体全体から日々の生活の苦労がにじみ出ているように思えたからだ。

「今日は、仕事を早めに切り上げてもらったんですか？　すみません」

「いえ、近くのスーパーに勤めていますけど、今日は五時であがりだったので大丈夫です」

「ところで、この軍艦、すごいですねえ」

「ああ、これは、雄太が組み立てたんです。あの子は、軍艦オタクなんです」

「みごとですね。好きなんですねえ」

「先生、うちの子、大丈夫ですかねえ。勉強をまったくしないし、学校の授業についていけてませんよね。高校へ行けますかねえ」

深刻な表情だった。

「成績のことは私も気にはなっていますが、今日はやめておきます。まだ一年生。私もこれから、どんなことができるか考えます。で、シャープペンの芯のことですが」

経過を説明すると、

「先生、先生のおっしゃる通りだと思います。ああいう子ですから、きっと自分でなくしたり、折ってしまっているんだと思います。この前、父親が夜中に電話をしてしまってすみませんでした」

「いや、いいんですよ。ちょっとでも気になることがあったら遠慮なく連絡してくださいって学級懇談でもお伝えしたと思います。知らせてもらってありがたかったです。これからも気にせずに電話をください」

「ありがとうございます。あの子は小学校の時、いろいろありました。馬鹿にされたりして、まわりの子とうまく関われないし、これからもきっと迷惑をかけると思います」

「わかりました。こちらこそよろしくお願いします」

部活動を終えた山本が帰宅した。山本は美術部に入部していた。電車や軍艦の絵をかくのが好きなようだ。

「この軍艦、山ちゃんがつくったんだよねえ。すごいね」

山本は嬉しそうな表情になった。

「お父さんにも手伝ってもらいましたけど」

ふと、軍艦の脇に置いてあるカメラが目に入った。

「山ちゃん、写真も撮るの？」

「ああ、あれは父親のカメラです。うちの夫は、撮り鉄なんですよ」とお母さん。

「私のカメラよりワンランク上ですよ。うらやましいなあ。さわらせてもらってもいいですか」

私は、家庭訪問の目的を忘れてカメラを操作しはじめてしまった。

「すみません、いいカメラをみると、ついつい・・」

「先生、うちのお父さんとおなじで、カメラが好きなんだ」と山本。

「こんど、先生の撮った写真を見せるから、山ちゃんの描いた絵も見せてよ」

「よっし、せんせい、学校に持っていくね」

「お母さん、そろそろ帰ります。カメラ、負けましたとお父さんにお伝えください」

その後、時々連絡を取り合っているが、この家庭訪問があってから、父親とも楽しく話ができるようになった。

「先生、夜中に電話して悪かったよ。ちょっと酒も入っていて・・・。この前、先生も知ってると思うけど、只見線の第一橋梁へ撮りに行ったよ。新緑と列車。けっこう撮り鉄がきてたよ。秋の紅葉もいいけど、混みすぎてねえ」

「そうですかあ。私も三回くらい行ってますよ。一一月三日、SLが走るでしょ。いやー行ってみて驚きましたよ。大混雑。道の駅の駐車場も車で一杯。やっと隅っこにとめて例の丘を登ってびっくり。カメラマンでびっしり。三脚もたてられないくらいでしたよ。SLが来る二時間も前ですよ」

「そりゃあ大変だったね先生」

山本は、描いた絵をさかんに私に見せるようになった。みごとな絵である。

「山ちゃん、クラスの廊下に飾ろうか。時々新しいのと交換しながら」

こうして、山本の絵と私の写真を廊下に貼るようになった。廊下の「ギャラリー」は、どんどん作品が増えていった。「自分のも貼ってよ」と言いに来る生徒も出てきた。
飾りっ気のない廊下がずいぶん潤いのあるものになった。破られたり剥がされたりするのではないかという心配もあったが、不思議にそれはなかった。ほかの先生たちにも好評だった。山本の活躍場所が一つできた。

私は、生徒に何かあったら、できるだけ家庭訪問をすることにしている。若い先生には、「ホームじゃなくてアウェー」「相手の土俵で相撲をとる」ことが大事だといいながら、家庭訪問を奨めている。家庭訪問にはたくさんのメリットがある。

生徒が問題を起こした時、保護者を学校に呼び出すことが多いが、親にとってはとても辛いことである。職員室のドアを開ける。そこは親にとって完全にアウェーだ。身を固め、構える。部屋に通される。何人かの教師と対面での話となる。時には校長室という敷居の高い場所のこともある。これでは保護者と腹を割って話をすることは難しい。

家庭訪問は、教師にとってアウェーである。保護者にとってはホームである。相手のホームに飛び込むと、学校ではわからないいろいろなことを知ることができる。その家の周辺のようす、その家の状況がまずわかる。中に入ると、その家の醸し出す生活の匂い、雰囲気がおのずとわかる。ああ、この子はこういう中で生活しているんだなあと理解できる。

保護者もホームなので、自分の思いを言いやすい。教師にとっても一方的な話ではなく同じ庶民として打ち解けて話をすることができる。なんだかんだ言っても教師は「権力」を背負っている。家庭訪問は「権力」の鎧をいっとき脱ぐことができる。その子や保護者への理解が深まる。教育は保護者とともに共同して子どもを育てるものだから家庭訪問は大切だと私は考えている。

しかし、学校はどんどん忙しくなっている。

「とても家庭訪問をしているヒマはないよ」と反論されることがある。たしかに理解できる。このところの現場の忙しさは尋常ではない。体や心を壊す教員も増えている。子どもや親の気持ちを理解し、ともに協力して子どもを育てようなどと思うと、とても体と心が持たない。それよりも、決められたカリキュラムや、学校の方針通りのことを、よけいなことを考えずにこなす方がいい、いやそうせざるを得ない。それはもっともで理解できる。でも、教師にとって大切なことはなんだろうか？　と私は思う。

子どもたちとともに過ごす時間を大切にして、子どもたちの生活の現実や思いや葛藤に寄り添いながら、保護者とともにより良い生き方を探り、学ぶことだろうと考える。もちろん日々の授業も大切であるが、受験学力をつけることだけが目的ではない。授業での学びを通して、よりよい生き方を学ぶ、自分の可能性を広げることが大切なことなのだ。現在の学校現場はどうも教育の最も大切なことが忘れさられているのではないか。

かつて、「ティーチングマシーン」という言い方があったが、事務的に子どもとかかわり、一方的に授業をするだけなら、それこそ教師は「ティーチングマシーン」になりさがる。やがてＡＩにとってかわられてしまうだろう。でも学校はＡＩには対応できないことのほうがはるかに多い。子どもたちの息遣い、隠された思いや願いや葛藤など、ＡＩには、とうてい対処できないだろう。

私はできるだけ事務的な仕事をさっさと済ませ、後回しにできそうなことは後にする。最優先は子どもや保護者とかかわることだ。出張も多い。だが、無理に行く必要のないものがほとんどだ。教育委員会の研修会も形式的なものが多く、後で資料だけもらえば事足りるものが多い。

「校長先生、今日の出張、急な生徒指導でいけなくなったとうまく連絡してください」と頼み、行かなかったこともある。やらざるを得ない提出文書は、言葉は悪いが「手抜き」で短時間で作る。

「文書作成終了」

「えっ、笠原先生、もう終わったの？」

「だって、手抜きだもの。形だけ整えればいいんだよ。時間をかけて作るだけの意味がある？」

私は職員室でやや大きめの声で返答する。若い先生には勇気のいることだが、自分のようなベテランが率先して「手抜き」をして、見本になったほうがよいと思い、意図的にやっている。保護者とのことでもう一つ思うことがある。

数年前から教師の間で、「モンスターペアレント」という言い方が拡がりがはじめた。「嫌な言い方だなあ」と思い、私は絶対に使わないようにしてきた。

子どもたちの保護者を「モンスター」と言って切り捨てていいのか。確かに、教師から見ると、理不尽なクレームをたびたび突きつける保護者はいる。しかしそれは教師からの目線で見ているだけで、保護者の目線から見たら、また違ったものになるだろう。私も保護者との対応で困った経験がたくさんある。しかしだからといって「モンスター」と決めつけるということは、もうその保護者とは断絶するぞ、切り捨てるぞという宣言をしたようなものだ。たとえ手に負えないような保護者でも教師目線で切り捨ててはならない。教育は保護者と教師の共同作業なのだ。私はそんな強い思いを持っている。というのも、私自身が、教師から見たら「モンスター」と呼ばれかねない経験をしてきたからだ。

私の長男は知的障がい者である。特別支援学校高等部三年生のときのこと。夏休みに、就職にそなえて現場実習が始まる。地域の企業数社で数日間の実習をおこなうのだ。教師はそのようすを観察し、生徒に働く能力があるかどうか見極めるのだ。長男は、帰宅すると疲労を隠せないようすだったが、無難に実習を終えた。

二学期、就職先を決めなければならない。しかし、求人がほとんどない。先生方も探してはくれているが一向に進まない。私はネットを使って必死に探した。その結果、ある外資系の外食チェーン店が障がい者を積極的に雇っていることを知った。さっそく連絡を取り、新宿にある本社まで出向き交渉をした。その結果、私の住む町の店で二週間実習をしてみて、そのようすで採用できるかどうか決めましょうとなった。長男は頑張った。お店のスタッフの方々の手厚い援助も得て、無難に実習を終えた。これなら就職できそうだと私は安堵した。

保護者、店側、進路指導担当教師、担任による話合いが行われ妻が出席した。夜、家に帰ると妻が言った。

「今日の面談の時、担任が書いた調査書が見えてしまったのよ。所見の所に、現状では就労は困難と思われると書いてあって、校長先生の印が押してあったの。ひどいでしょ。今日は結論は出さなかったけど、あの所見じゃ、きっとダメになるわ」と憤っている。

それを聞いたとたん、私はカーッとなってしまった。

「あの子の働いてる姿を先生たちはちゃんと見てたのか。何回見に行ったんだ。ちゃんと見たら、就労困難なんて書かないだろうよ。しかも、あの店は、俺が自分で探したんだ」

すぐさま担任に電話をした。夜一〇時を過ぎていたが、まったく気にならなかった。担任からはあやふやな返事しか返ってこなかった。

「先生じゃ、埒が明きません。直接学校へ行きます。明日行きます。校長先生と直接話し合います」と語気を強めて言い放った。

翌日、指定された時間に学校へ。会議室に通された。向かい側に担任、学年主任、進路指導主任、教務主任、教頭がずらりと勢ぞろいしていた。中央に校長が座っている。

「何をもって、就労困難と判断したんですか。担任の先生の判断ですか」

「いいえ、私たち全員の判断です」と進路指導主任が言う。

「じゃ聞きますが、先生方は何度くらい実習を見に行ったんですか?」

「担任が一回、進路指導主任が一回です」

「それだけで判断したんですか? 私は何度も見に行ったし、店長さんにも直接あって、大丈夫そうですよ、真面目な子ですね、と聞きました」

「しかし、私たちで総合的に判断して、就労は難しいと判断しました」

私はだんだんと冷静さを失っていった。

「校長先生の印鑑が押してありますが、校長先生は見に行かれたんですか」

「・・・・いや」と校長先生が言った途端、私は我を失った。

「どうして見てもいない人が印鑑を押せるんだ！」と言いながら、テーブルを激しくたたいてしまったのだ。この時の私は、はたからみたら、「モンスター」と言われかねないだろう。親は子どものことでは、時には激しい口調で教師に抗議することもあるのだ。それを教師は理解すべきだ。切り捨ててはならないと私は強く思っている。

その後、長男はその店で働けることになり、いまでも厨房でパン生地を焼いたりポテトを揚げたりしている。パートで働く年上の人たちが、優しく長男をサポートしてくれているお陰だ。

私はとても感謝している。人は互いに支え合いながら生きているということを実感している。

第12話 先生のタバコ、やめさせます

七月に入ると、一〇月中旬の合唱コンクールに向けて準備が始まった。まず、指揮者を決めることになった。はやくから杉崎が立候補を表明していた。やる気十分である。まわりからも杉崎さんやる気だなあ、いいねと支持を集めていた。指揮者を決めるクラス会議の日がやってきた。杉崎以外に立候補はない。杉崎は教室の前に出て、立候補の「演説」をはじめた。

「僕が指揮者をやれば、必ず金賞が取れます。そして金賞が取れたら笠原先生にタバコをやめてもらいます。いや、やめさせます!!」

教室中盛大な拍手につつまれた。

「まいったなあ」、私は小声で呟いた。

一〇月に入るとコンクールに向けての練習が本格的に始まった。放課後は毎日練習が組まれている。杉崎のやる気に押されてか、予想以上に真面目に練習に取り組んでいる。私は、練習

中はほとんど口をださないようにしていた。行事は子どもたちの自主性や自治の力を育てる大切な機会である。そのかわり、練習後、指揮者、学級代表、パートリーダー、実行委員を毎回集めて、簡単な打ち合わせを行う。そこでは時々口を出すこともある。

ある日の練習。私は山本のようすが気になった。練習の途中、何度も窓に向かって、「フーッ」と息を吐きだすのだ。表情もさえない。歌声をよく聞くと、山本の音程がおおきくずれている。音が全く取れていないようだ。山本はそうとう辛いんじゃないかと私は思った。

練習後の打ち合わせで私は聞いてみた。

「きみたちは、山ちゃんのようすがおかしいことに気付いている？」

「はい、気付いています」とすかさず杉崎が言う。

「そうか、山ちゃん、きつくないか。そうとう辛いんじゃないかなあ」

「僕もそう思っていました」

「音程がほとんど取れてないんだよ。自信がないんじゃないかな」と山本のいるアルトのパートリーダー。

「どうしたらいい？」と私。

「男子の配置を変えようよ。山ちゃんの位置をしっかり音のとれてる小口と米沢の間にする」

「うんそれはいいんじゃない」と他のメンバー。

「山ちゃんのために特別に何かすることはないの？　音が取れるように何人かで特別練習するとか」と私が言うと、メンバーたちは一斉に
「先生、それはやめたほうがいいよ。山ちゃん、よけいきつくなるよ」

「すこしくらい音がはずれてても、しっかり歌ってくれればそれでいいよ」

この子どもたちは、すばらしいな。教師のよけいなお節介を、山ちゃんの立場で考えてくれている、私は子どもたちの確かな成長を実感していた。

本番では、金賞を逃した。三組の方が上手だった。その日の帰りの会。杉崎が前に出てきた。

「みんなごめんなさい、金賞取れなくて。僕が緊張してしまったからかもしれません。本当にごめんなさい。でもみんな頑張ってくれてありがとう」途中から涙声となった。

「いいじゃん、金賞なんて。コンクールに向けて頑張れたんだから金賞より値打ちあるぜ」と清水が大きな声で明るく言ってくれた。

帰りの会のあと、女子のほとんどが私を取り囲んだ。

「先生、タバコやめなよ。金賞取れなかったけど、新谷さんが伴奏者賞だよ。みんな頑張ったんだから先生、タバコなしね」

私は彼らの気持ちが嬉しくもあり、しかし「困ったなあ、これじゃあ学校で吸っていたら(学校と言っても敷地内禁煙だから、裏門の外で吸っているわけだが)なにされるかわからないなあ」と思った。

「わかった、わかった、・・・精一杯努力します」

「なにそれ先生、ズルイおやじみたいな言い方じゃん」

「いや、まあ、そのね・・」

「私たち、監視するからよろしく」と言って去っていった。

私は、合唱コンクールについて、もちろん教育効果もあり、良い面も多いが、問題も多い行事だと思っている。全員参加の強制。クラスには山本のように苦手な生徒もいる。全員で強制的に歌を歌わせること、クラスによっては朝も、昼も、放課後も練習、練習・・・そういうことが本当に嫌で苦手な生徒もいる。どうして無理にやらなくてはならないのだろうか。そもそも合唱コンクールをやるかやらないかから生徒たちが議論し決定しているのだろうか？　ほとんどの学校は、例年通りの行事として、議論や決定のないまま行われているようだ。

学級によっては、ともかく一位をめざして「一致団結」などというスローガンをつくって取り組む。同調圧力が高まって、非協力に見える子や、苦手な子たちを排除したり、時には一方的に攻撃し、それがいじめにつながることもある。

合唱コンクールのあり方については、生徒会を中心に一から議論し見直した方がよいのではないかと考えている。やるにしても、器楽の合奏、ナレーション、ダンス、寸劇などをとりいれて、苦手な子が活躍しやすいシステムにすべきではないかとも思う。体育祭の全員参加の大縄跳びも似たような問題を抱えているのではないかと私は考えている。

第13話　柴崎理恵の反抗

理科の授業がうまく行っていない。柴崎理恵を先頭にその仲間たちが、永井先生に反抗しているらしい。それにつられて授業全体が騒がしくて、永井先生からは「困ったわあ」ときつい目で、再三愚痴をこぼされていた。

「笠原先生、柴崎の保護者を呼び出してくれませんか。一番悪いのは柴崎。あの子、私の話なんて全然聞いてない。指導しようとすると、うるせーなババアだよ。親に来てもらって指導する必要があるわよ」と言われてしまった。

困ったな、と思った。永井先生は一直線の先生である。生徒は教師の指示に従うのがあたりまえ。文句を言う生徒はとんでもない生徒である。それでもだめならその子が悪いと切り捨てる。子どもの立場に立っていっしょに考えあうという発想があまりない。

指導が一方的なので、合わない生徒は当然反発する。それでも、永井先生は定年を控えた今まで、子育てもしながら踏ん張って、気張って強く生きてきたのだ。いろいろな苦労を乗り越えて、三〇数年間も教師をやり続けたこと、そのことだけでも尊敬に値する。いまさら、先生の指導の仕方を改めて欲しいとは言いにくいし、言うべきではないかもしれない。それよりも、学級や学年の子どもたちを、気張って生きてきた永井先生を許容できるような、そんな子どもたちに育てることにちからをそそぐべきではないかと私は思った。

ただ、保護者をよんで指導して欲しいという永井先生の要求を反故にするのもまずい。柴崎とお母さんと、ちゃんと話せるチャンスにしようと、発想を変えてみることにした。

「お母さん、わざわざ来ていただいてありがとうございます」

母親はきつい表情のままである。柴崎は斜に構えたままで、不愉快であることを隠しもしない。

「この子は、私の言うことにいちいち反抗します。柴崎さん、あらためて欲しい」と厳しい表情で永井先生。

「私は反抗なんてしてません。先生が決めつけてるだけじゃないですか」

「あなたは私が注意すると、睨んだり、うるせえババアって言って反抗ばかりしてるじゃない。ごまかさないでよ」

「なんで私ばっかりなんですかあ。男子なんかもっと反抗してるじゃないですか。私よりひどい態度の人、いっぱいいるじゃないですか」

「笠原先生、これじゃあ、話にならないわ」

「お母さん、どう思われますか」と聞いてみた。

母親はぶすっとしたまま
「理恵が真面目な子とは思っていません。きっとご迷惑をかけていると思っています。でも、この子は本当は優しいところもあって、人の気持ちもわかる子だと、親バカかもしれませんが、そう思っています。永井先生にご迷惑をおかけしていることは謝りますが、永井先生にも指導の仕方を改めてもらいたいと思っています。もう少し子どもたちの気持ちをわかって欲しいです」

「わかりました。永井先生、私の方で柴崎さんをしっかり指導しますから、この後は私に任せてもらえませんか」

「これじゃあ、埒が明かないもんね。笠原先生、しっかり指導してくださいよ」と言って席を立った。私は内心ほっとした。永井先生が部屋から出ると、柴崎は「くそババア」と小声で呟いた。

「理恵、クソババアはないよ。永井先生に失礼よ」

「でもママ・・・・」甘えるように柴崎が呟く。

「お母さん、今日は本当にすみません。きっと不愉快な思いをされているんじゃないでしょうか」

「笠原先生を理恵は面白い先生だと言って、先生の失敗談とかいろいろ話をしてくれるんですよ」

「そうですか、バカばっかりやってるからねえ。この前も、裏門でドキドキしながらタバコを吸っていたら、コラッ、タバコ吸うな！　って叱られました。怖かったなあ」

やっと母親に笑みが戻った。

「だって先生、約束破ってたからね」

「いや・・・約束したかなあ」

「まあ、先生もちょっと可哀そうかなあ。気持ち分かるけどね」

「わかりますよ先生。私もタバコ、やめられないんですよ。部屋で吸っていると理恵に怒られるんですよ」

「そうですか、怒られるのは私だけではないんだ」

「大人って、めんどうだよねえ」と柴崎。

「お母さん、私は四月に柴崎さんと出会ったとき、ああ、この子はお母さんが好きなんだって感じていたんですよ。今日お会いして間違っていなかったなあって思いました」

「それならいいんですが。離婚して、この子にはつらい思いもさせました。でも、私にはやさしいですよ。きっとこの子なりに母親の苦労を見て来て、思うところがあったんだと思います」

「大変だったでしょうね。私にはお母さんの苦労が実感としてはわかりませんが、一人で働きながら子育てをして、きっと大変だったろうなとは思います」

「先生も苦労されてるんじゃないですか」

「お母さん程じゃあないですよ。子ども二人を育てるの、結局妻に頼りっきりで・・・」

「二人いらっしゃるんですね」

「そうです。長男は、知的障がい者です。でも、ファストフード店で休まず働いてます。次男は、東京で独り暮らし。でも職場は給料が低いし問題も多くて、転職しようかどうか迷っているみたいで、心配です」

「先生もいろいろあるんですね。私も離婚する前後は本当に苦しかったですよ。でも今は仕事もちゃんとあるし、迷惑をおかけしていますけど、この子もなんとか優しい子に育っているし、今の生活にはまあまあ満足していますよ」

「親って大変ですよね。よくここまで育ててきましたね」

「先生からそんな言葉を言ってもらえるなんて思ってもみなかったです。きっと一方的に言われるだけだと思って、覚悟をきめてきたんです」

母親は目に涙をためていた。

「柴崎さん、結局どうする？　永井先生は怒っているだろ。事情はわかるけど、授業中反抗しているのは事実のようだし、このままじゃまずいよね」

「うん、わかった先生。永井先生は嫌いだけど、ママや先生を困らせたくないから、がまんするよ」

「そうか・・・。卒業の頃には永井先生の苦労がわかる子にきっとなるよ。そうなって欲しいな。じゃあこれでおしまい。今日はお母さんと一杯話ができて嬉しかったです。ありがとうございました」

「先生、こちらこそありがとうございます。こんな子ですが、どうか見捨てずにこれからもよろしくお願いします。永井先生もこの子たちのことですからきっと苦労されていると思います。また反抗するようなことがありましたら、教えて下さい」

三年後、柴崎は、近くの公立高校の普通科を受験することになる。その高校は、倍率も低く、柴崎のように成績が低い子どもでも合格しやすい。しかし柴崎の内申や学力で合格できるか半々であった。

結果発表を見に行ってきた柴崎が私のもとにやってきた。

「先生！・・・合格！」

にこやかな笑みだった。

「おー、サプライズ！」と私。

「面接ばっちりだったからね。面接官のおじんたちをだますのは簡単よ」

私も、まわりの生徒たちも大爆笑だった。

卒業式当日には、永井先生へのサプライズが待っている。

第14話 「君が代」は歌いません

「私は、君が代は歌いません。校長先生、それでよろしいでしょうか」
司会の教務主任本田先生は怪訝な表情のまま、
「笠原先生、どういう意味ですか?」と私に問い返した。

三学期が始まった。職員会議に本田先生から、卒業式の提案がされた。式次第を本田先生が淡々と読み上げ、とくに意見も質問もないまま終わろうとしていた。私の発言によってその場の雰囲気が変わった。この年、私は異動してきたばかりなので、控えめに、だが自分の意見はしっかりと発言しようと思った。

「私は、君が代については、その歌詞の内容や戦前や戦中の利用のされ方を考えると、とても歌う気にはなりません」

この後、君が代や日の丸の歴史について手短に説明させてもらった。そして最後に、「今は皆さんから賛同を得られる状況ではないことも十分理解していますし、この問題で発言することに躊躇する気持ちもわかっているつもりです。ですが、私個人は、君が代は歌いません。歌いたい人は歌う、歌いたくない人は歌わない。歌うことの押し付けは、憲法で保障された『個人の尊厳』や『思想・良心の自由』の侵害です」

「校長先生、私は歌いませんがよろしいですね。まさか職務命令をだして歌うことを強制するようなことはしませんよね」

「職務命令を出す気はありません」とだけ校長先生は答えた。

君が代については私以外誰も発言しなかった。

職員会議の後のこと。

「笠原先生、懐かしいわ」隣に座る永井先生が話しかけてきた。

「えっ、何がですか?」

「さっきの君が代のことよ。私が教員になった頃は、ずいぶん議論した覚えがあるのよ」

「そうなんですよね。私が最初に赴任した学校でも、相当時間をかけて、賛成反対、激論していましたよ。で、結論はピアノ伴奏なしで、テープだけ流すってなった記憶がありますよ」

「懐かしいって言っちゃいけないでしょうけど、私もそうだけど、今じゃ誰も意見を言わなくなったわよね」

「そうですね。今じゃ私みたいな教師は異端児扱いですね」

「言うべきことを言うって大事なことよ。みんなと考えが違ってもね」

「ありがとうございます。でも君が代についてはみなさん言いにくいでしょうね」

「わかるわあ。東京都じゃあ、起立しなかった教員が相当な人数処分されたものねえ」


永井先生の生徒指導の姿勢については賛同できないことが多いけれど、この時はちょっぴり嬉しい気持ちになった。永井先生の世代の教師たちは濃淡はあっても、日の丸や君が代について一度は真剣に考えた経験があるのだと思う。しかし、比較的若い世代の教員は、そもそも日の丸を掲げ、君が代を歌うことは当たり前になっていて、日の丸や君が代の歴史をほとんど学んだことがないので、あまり問題意識を持っていないように私は思っていた。

だが、翔太たちが三年生になり、卒業式練習時に面白いことがあった。

音楽科の吉崎美穂先生が歌の指導に来てくれたときのことである。吉崎先生は音楽科であるが大学時代は陸上部に所属していて、音楽の先生というより体育の先生といったイメージである。生徒を厳しく管理し、生徒をしっかり従えることができるのがすぐれた教師だと考えるような先生である。私は吉崎先生とはまったく合わないなあと思い込んでいた。

三年生を前にして、吉崎先生が話し出した。

「練習の前にあなたたちに言っておきたいことがあります。卒業式では君が代を歌います。私が指揮をすることになっています。私は教師になって六年たちますが、今まで君が代を歌わせること、歌うことは当たり前だと思っていました。ところが、こちらにいらっしゃる笠原先生の話を聞いて驚きました。笠原先生は職員会議で君が代の意味や戦争に利用された歴史について話され、自分は歌わない、と発言しました」

「おいおい、それを言っちゃっていいのかよ」と私は少しあせった。

「それを聞いていて、私は初めて君が代の歴史や意味について知りました。そして驚きました。いままで何も知らないで歌わせていたことを強く反省しました。笠原先生のおかげです。・・・でも、私は卒業式で君が代の指揮をします。それは仕事だからです。私のそんな思いをあなたたちにはわかってもらいたい」

私はびっくりした。まさか吉崎先生がこんな発言をするとは思ってもみなかったし、それを生徒の前で言うことにも驚いた。同時に嬉しい気持ちにもなった。あきらめずに言ってみるものだな、若い先生たちは知らないだけで、ちゃんと学べばしっかり本人なりに考えてくれるんだなと思ったのだ。勝手に、この先生はこうだから理解し合えないとか、気が合わないとか決めつけてはいけないのだと思った。

君が代問題以外でも、卒業式の内容について私は改善すべきことが多いなと思っていた。一同礼にはじまり、国歌斉唱、証書授与、校長式辞、来賓あいさつ、送辞、答辞、校歌、保護者のお礼の言葉、がスタンダードである。その間、三月とは言え底冷えのする体育館で、子どもたちは背筋を伸ばし、私語も厳禁、ひたすら耐える時間となる。式を無事に済ますために、三月に入ると何度も何度も式練習の時間が設けられる。本来、卒業式の主役は子どもたちである。卒業生、在校生みんなで工夫を凝らして卒業を祝い、新たな門出への決意と夢を分かち合う、といった意味が込められているはずだ。

翔太たちの学年が三年生になり卒業式を迎えたときに、少しだが工夫することができた。三学期最初の学年会でのこと。

「やっと先が見えてきましたね。子どもたちはずいぶん落ち着いてきてよかったですよ」と遠藤先生。

「私も、何とか無事に卒業式を迎えることができそうよ」と永井先生。

「いろんなことがあったけど、生徒たちはずいぶん成長しましたよ。教師側はしんどかったと思うけどね」と田代先生。さらに田代先生が続ける。

「卒業式の準備というか練習、あれけっこうハードですよねえ。私は体育科ってこともあるので、いつも全体指揮を任されて、整列！　前へ倣え！　とかね。実は私、面倒でいやでしたよ」

「でもねえ、卒業式は来賓や保護者の手前、整然としていて厳粛さも必要よ」と永井先生。

なかなか面白い議論になってきたなと私は思った。

「まあ、そうですね、最低限の厳粛さは必要でしょうね。でも寒い体育館で何時間も形を覚えさせるだけの練習は、できるだけ少なくしましょうよ」と田代先生が強調。

「それは私も賛成よ」と永井先生も同意する。

植月先生が控えめに発言する。

「私、国語科なので、送辞や答辞の指導を任されたことがありますけど、前例に倣った美辞麗句がフツーのパターンですよね。つまらないです。生徒たちの率直な思いをもっと出せないでしょうか？」

「私もそうしたいと思っていました。以前いた学校では、送辞と答辞ではなくて、その部分を構成詩風にして、シナリオを生徒会が書いていました。教師の合唱まで入っていてなかなかでしたよ」

「ちょっとイメージがわかないなあ」と遠藤先生。

「後でその資料を用意しますね」

「急にいろいろと変えるのは無理でしょうから、せめて答辞のところだけでも変えたいです」と植月先生。

「いいですね。それならできそう。別れの言葉をつくる生徒の実行委員会をつくったらどうでしょう。生徒たちから入れて欲しい言葉を募集するってのもいいよね」と私。


こうして、この学年から、送辞は「贈る言葉」に、答辞は、「別れの言葉」となり、卒業生たちの想いが率直に語られるようになった。卒業式や入学式など、儀式的な行事はますます形式的なものになりつつあるが、生徒が主人公の行事を目指して、職場の同僚とともに出来そうなところから変えていきたいと思う。

第15話　学年主任と呼ぶのはやめてください

新しい年度が始まった四月二日、私は朝七時に着くように自宅を出た。早朝の桜の花々は活き活きしている。薄っすらと霧がたなびく桜の坂道。「絵になるなあ」、私は桜の撮影に夢中だった。買ったばかりの一眼レフカメラのシャッター音が心地よい。「おはようございます」、部活動にやってきた子どもたちの声も今朝はなんとはなしに弾んでいる。

坂道の上の方から、一台の自転車が降りてきた。「早朝の桜と自転車、いい構図だ」。私は、カメラのシャッターを連射した。アップになったその人は、まだ若い人だった。私の脇を通過するとき、戸惑うような表情をした。思わず「すみません。でもとっても絵になるなあ」と言ってしまった。その人は、不審な目で私を睨んだ。それが植月先生と最初の出会いだった。その後の私の印象も植月先生にはよくないものだったようだ。

後に、植月先生とよく話をするようになった頃、こんな会話があった。

「入学式の職員紹介で、『学年主任と呼ぶのはやめて下さい、子どもにとって先生はみんな同じ先生です。それと、学年主任は単に係だと思っています。学年主任は特別な存在ではありません。もし学年主任と紹介するなら、私は学年主任はやりません』って先生は言いましたね。あの時、怖い人だ、とても近寄れないと思いました。市内一荒れてるって評判の上岡中に異動だよ、と言われた時、私にはとても勤まらないんじゃないかと思いました。でも大丈夫、上岡中学には笠原先生がいるから頼りにしなさいって、いろんな先生に言われて上岡中に来たのに・・・裏切られました」、と言って植月先生はほほ笑んだ。

「そうなんだよね。なんだか気難しそうな人ってよく言われるよ。慣れてくるとそうじゃないのだけどねえ・・・」

「相談室の高木先生も言ってました。高木先生の第一印象は最悪だったたって」

「どうして？　やっぱりそんなに印象悪いかなあ」

「いつも怖そうな顔して下向いて廊下を歩いてて、声をかけるどころじゃなかったわって」

「僕の本質はきっとそういう人間なんだよ」

「でも、学校が始まって、生徒と接している先生を見たら、全然印象が変わりました」

「変わった？」

「生徒にとっては、なんでも相談に乗ってくれて、頼りになる先生」

「それが仕事だからね」

「仕事でもそんなふうにできる先生に私ははじめて出会った気がします。それと、相田みつおが嫌いな人にも」と言って植月先生は控えめにほほ笑んだ。

「僕も相田みつおが嫌いですって先生にはじめて出会えたよ。実に嬉しい。きっと道徳の授業も嫌いだろうね」

「はい、わざとらしくて気持ち悪いですね」

「道徳の授業、実は僕は一度もやったことがないよ。あんな絵空事より、子どもたちの間で起きているトラブルをどう解決しようとか、今度どんなレクをしようかとか、その方がよっぽど子どもたちのためになると思っているよ」

植月先生に対する私の第一印象は、「ちょっと心配だな。あの子たちを相手につぶれなければいいのだけど」だった。ところが、四月がスタートして少したってみると、その印象は良い意味で裏切られたのだ。それどころか、「この先生は素晴らしい」となった。植月先生は、生徒を強引に指導するタイプではない。静かで穏やかに話をする。生徒がなにかやらかしてもあわてない。そしてなによりも植月先生は、いつも教室にいるのだ。昼休みも教室にいて、子どもたちと笑みを浮かべながら雑談しているのである。私の学年にいてくれてありがたい。

「芯の強い人なんだろうな。きっと今までいろんな苦労をしてきたのかもしれない」と私は思った。相談室の人たちも、「まだお若いのにいつも生徒の立場にたてている先生です。なかなかまねできませんよ」と植月先生を誉めていた。

第16話 どこかに行ってしまいたい

学年主任の村沢先生は異動してしまった。替わりの体育の先生として田代洋一先生が赴任。三〇代後半の先生。あらたな二学年のスタッフは、一組担任は昨年に引き続き遠藤浩一郎先生で、越田翔太を担任することになった。二組担任は植月香織先生。今年同じ市内の中学校から国語科の教員として赴任してきた。二〇代後半の先生である。三組担任が田代先生である。副担任は昨年と同じ永井先生。そして、私は、担任をおりて、学年主任の立場となった。担任したいという思いもあったが、学年全体を見る上では、担任ではないほうが都合がよいと考えなおした。特に、越田翔太と関わるには、フリーの立場のほうがよいのではないかと考えた。

越田翔太は相変わらず頻繁に問題を起こした。二年生になってからはさらにエスカレート。昼前後に登校、廊下をうろうろしたり、ガラクタの置いてある空き教室に田宮和樹とともに入り込み、物を壊したり、飲食をしたりすることが多くなった。授業中、まわりの仲間を誘ってトランプをする。やめるように注意すると、「うるせえ」と言って睨んだり、教室に落ちていた紙にライターで火を着けることもあった。一年生の時と同様に級友に殴りかかることもあった。まったく指導が入らず、私も胃の痛む日々が続いた。夜中に急に何かを食べたくなったり、朝、車で通勤途中、「このまま学校に行かず、どこかに行ってしまえたらなあ」と思ってしまうこともあった。

ある日、私はふとあることを思いつき、さっそく実行に移してみた。

壊れたものやがらくただらけの空き教室を大改造することにしたのだ。学年の先生たちや生徒有志にも手伝ってもらい、壊れた物やガラクタを捨て、綺麗に掃除をした。そこに古びているが、学校に保存してあったソファーとテーブルを置いた。永井先生の自宅にある使わなくなったマッサージチェアーまで運びこんだ。空き教室の壁には私の撮った写真を何枚か貼った。荒れ果てた空き教室が見違えるようになった。

「二学年相談室」と名付けたが、後にこの部屋は「カサハラの部屋」と生徒たちは呼ぶようになった。私は、授業のないときはできるだけこの部屋にいることにした。二年生の生徒には、「この部屋のドアはいつも開けておくので、相談がある人、相談がなくても先生と話したい人はいつでもおいで」と言ってある。

第17話 「カサハラの部屋」

「カサハラの部屋」は、有効だった。ある日、廊下をうろうろしていた翔太が、「カサハラの部屋」に入ってきた。

「おう、カサハラ、なにしてるんだ。ひまそうだな」

「ああ、まあひまだよ」

授業の教材づくりをしていてヒマではなかったがそう答えた。

「入っていいよ。ソファーにすわりなよ」

翔太が座る。

「翔太は、朝飯食べたのか」

「ああ、菓子パンを食べたぜ」

「昨日の夕飯は？」

「生姜焼きだ。俺が作った」

「えらいなあ。いつも作るの？」

「ああ、だいたいな。ババアが具合悪いからな。だいたいなんだって作れるぜ」

「たいしたもんだな。先生も夕飯、作ってるぜ」

「おー、カサハラもか。奥さんつくらないのかよ」

「まあな。かわるがわるな」

「そうか。先生も大変だな」

「ああ、大変だよ。学校に来ても荒れてて大変だし」

「三年のサッカー部の先輩、やばいもんな」

翔太は彼らをそう見ているんだ、と初めて気づいた。だが、翔太自身は自分も荒れを生んでいる一人だとは思っていないようだ。そのことが、私にとっては面白かった。会話の途中でカサハラから先生になったことも面白い。

授業終了のチャイムがなった。

「先生、また来るぜ。いいよな」

「ああ、いいよ。歓迎するぜ」

この時、私は、「授業に出ろ」とは一言も言わなかった。

このことがあってから、翔太はたびたび「カサハラの部屋」に来るようになった。給食後に登校することもあるので、翔太の分を取っておくように一組の生徒に頼んでおいた。この部屋で一緒に給食を食べることも時々あった。

この部屋について二学年の先生たちとは合意ができているが、他学年の先生たちはどう思っているのか気になった。当然、批判もあるだろうと思っていたが、三学年主任の松崎先生がこんな話をしてくれた。

「『カサハラの部屋』、助かるなあ、ありがたいって、家庭科の大川先生が言ってましたよ」

「どうしてですかね」

「だってわかるでしょ。翔太たちが授業に出てると大変でしょ。特に家庭科とかね。翔太たちが『カサハラの部屋』にいてくれたほうが助かるんですよ。他の教科の先生も同じじゃないかな」

「なるほどねえ。そうですか。それでよしとは思えないけど・・・。ちょっと複雑な気分ですね」

ある日、翔太と田宮和樹が「カサハラの部屋」にやってきた。私が何の気なしにゴルフス

ウィングのまねごとをしていると、

「先生、おやじだな。ゴルフするのか」と翔太。

「うーん、昔ね、ちょっとやったことがあるだけだけどね」

「おもしろそうだな。和樹、ゴルフクラブを作れよ」

「おお、いいだろう、つくっちゃおう」と言いながら、板や棒のガラクタをあつめて即席のクラブを三本作った。和樹は工作が得意なようだ。紙をまるめ、ガムテープをぐるぐる巻きにしてゴルフボールも作ってしまった。

私の遊び心が刺激された。

「面白そうだ。この部屋で、ゴルフをやろうぜ。パー3（スリー）ってわかる？」

急造クラブを振って、紙のボールを目標のゴミ箱に入れるのだ。下手だのうまいだのナイスだのOBだの言葉が飛び交う。あっという間に時間が過ぎていった。

授業終了のチャイムが鳴った。その時、翔太が言った。

「先生、教師がこんなことして生徒と遊んでいていいのかよ」

この子はなかなか面白いことを言うなと思った。

「それよりなあ、生徒がさあ、授業に出ずにこんなことしてていいのかよ」と言い返した。

「それを言いますか先生。教師はおれたちみたいに授業をサボル生徒を指導するもんだろ」

「ゴルフが楽しくて忘れてたよ。・・じゃあ授業にでろよ」

「へんな教師だな。つぎの授業、出てやるよ」

「あっそう、それはすごいや」

そうこうするうちにこんな会話もできるようになった。

「先生、小学校の時、クラスでなにかあると、いつも俺のせいにされたんだぜ。倉持（たび たび翔太が殴りかかった生徒である）なんか、自分が相手をトイレットペーパーでぐるぐる巻きにしたりしていじめてたのに、俺じゃないって言いやがって、そばにいた俺のせいにしたんだ。センコウも倉持を信用して、俺を怒ったんだぜ」

「そうかあ、それで翔太は倉持を殴ったんだ」

「倉持の顔をみると時々、その時のことが浮かぶんだ」

「翔太には理由があったんだな。翔太は本当はまずいって思っていたんだろ」

「ああ、殴ってしまってから、またやっちゃったと思ってたんだ」

翔太と話すうちに、私は翔太の抱える苦しみが少しずつわかるような気がしてきた。好きで暴力を振るう生徒はまずいない。翔太は、暴力という手段でしか自分を守れないと思っているのかもしれない。しかし、暴力を振るえば振るうほど、そのあと激しく自分を責める。生まれてから今まで、翔太をまるごと受け止めてくれる大人に出会ったことがないのかもしれない。それどころか、父親や兄から暴力を受け、学校に来ると、まわりの生徒も先生も翔太にとっては敵のように感じていたのだろう。徹底的な他者への不信と自尊感情を奪われてきたのが今の翔太の姿だ。そう思うと、なんだか翔太が愛おしく思える。他者を信頼できず自分を攻撃しながら生きている翔太をなんとかしたいという思いが湧いてきた。

第18話　どれがホントの自分？

「カサハラの部屋」には、翔太たちだけではなくいろいろな生徒がやってきた。昼休みのこと。女子三人がやってきた。三人とも「真面目な生徒」と見られている子どもたちである。

「よく来てくれたね」

「私たちも先生と話がしたいなと思って」

「いいねえ、どんな話？」

「私たちって、先生たちから見たら、真面目な生徒にみえるでしょ」

「そうだねえ」

「でもね、私たちもいろいろな悩みとかあるんですよ」

「そうか。話してみてよ」

「授業によってうるさかったり、翔太さんたちだけでなく、勝手なことをやってる人が多いですよね」

「うーん、先生も困っているよ」

「私たちは、落ち着いて授業を聞きたいし、事件ばっかりの学校のままじゃ嫌なんです」

「これは私たちだけじゃなくて、他の人たちもそう思っています。校舎も汚いし、先輩の中には平気でタバコを吸っている人もいるし。なんとかして欲しいです」

「私は、真面目にしているけど、いろいろと悩みもあります。私の家なんて、父親と母親が仲が悪くて、しょっちゅうケンカ。家出したいって思ったこともあるんです。学校に来ても騒がしいし、いやんなっちゃうこともあるんです」

「私は、今の自分が嫌いなんです。というかどれがほんとの自分かわからないんです。学校じゃ良い子のふりをしてるけど、親には反抗してます。いちいちうるさいんだよと思っちゃいます。他校生の友達といるときは、思いっきり派手な格好で、ワルぶっています。その時の自分が一番自分らしいかなって思うけど。永井先生なんて、いまだに私はとってもいい子で、リーダーだと思っていて、理科の授業でもリーダーの仕事ばっかり押し付けるんです。先生は私のことどう思ってる?」

「去年担任しただろ。四月の最初は、ああこの子はしっかりしてる子だな、うちのクラスを引っ張ってくれそうだと思ったよ」

「やっぱり」

「いや、でもね、その気持ちはすぐに裏切られたよ」といって笑った。

「えー、どうして？」

「だって、しっかり者で明るそうに振舞っているけど、何ともいえない暗い表情になる時があってね、ああ、この子は何かあるな。無理してるなって思っていたよ。君は気付かなかっただろうけど。ほら、先生は顔に書いてあること読めるといったでしょ」

「さすが、先生の超能力。でも安心しました。私のことをそんなふうに見てくれる先生がいて」

「それとね、どれがほんとの自分かなんて、永遠の宿題だよ。学校で見せるきみの姿、家での姿、他校生といる時の姿、どれもきみの姿なんだと思うよ。使い分けをしている自分をわかっているだけ大人なんだと思うな。先生だって、学校で見せる自分と、家での自分、趣味の写真仲間といる時の自分があって、どれも自分なんだと思っているよ」

「ああ、ほっとした。先生ありがとう」

「いえいえ、少しは役に立って嬉しいよ。それからね、これは先生からの頼みなんだけど、翔太のこと。今、先生はやっと翔太とまともに話ができるようになりつつあるんだ」

「うん、わかるよ先生。翔太は先生とは気が合うみたい」

「でね、なんとか翔太の暴力をなくして、平和な学年にしたいと思ってるんだよ。翔太だけでなく勝手なことをやってる人たちも落ち着かせたいしね。でね、頼みってのは、これからも先生の相談に乗って欲しいんだよ。どうしたら平和な学年や学校にできるか、一緒に考えて欲しいんだ。先生たちも頑張るけど、やっぱりきみたちのちからのほうが大きいと思うからね」

「いいよ先生。去年のクラス、平和レベル５って学級目標作ったでしょ。けっこうみんな頑張ったし平和だったしね」

「ありがとう。多くの人が落ち着いた学校にしたいって気持ちを持ってるって聞いて嬉しいよ。具体的どんなことをするか先生なりに考えるから、ちからをかしてくれる？」

「わかった先生。もちろんですよ」

第19話 そうじやり隊

多くの生徒たちが落ち着いた学校、平和な学校にしたいという思いを持っていることに確信が持てた私は、さっそく次の手を打つことにした。まず、学年全体を前向きな姿勢にすることだ。そのためには、具体的で実効性のある活動を組むことだ。生徒たちは具体的な活動をする中で成長するのだ。抽象的な呼びかけだけではだめだ。

学年の先生たちと相談して、子どもたちが乗ってきそうな活動をすることにした。

放課後、各学級の代表者を集めて、「代表委員会」を開いた。これが学年の公的なリーダー会である。

「きみたちの多くが、今のままでいいとは思っていない。もっと落ち着いた平和な学年にしたいと思っているよね」

代表者たちはうなずいている。

「そこで、先生たちから提案があります。最終的に決めて、実行するのはもちろんきみたちです。質問や意見をどんどんだしてください」

「学年をよくするために、いろいろなボランティアを募集します。そうじやり隊は、こびりついたガムを剥がすことが最初の仕事です。金属のヘラを用意します。みんなでごしごしすって綺麗にしちゃいましょう。写真撮り隊には、先生の超高級？　デジカメを貸し出します。学年の人たちの活動を写真にとって記事にします。記事は学年の掲示板に貼りだします。集会を楽しくし隊は、学年集会を楽しくするために、色々な企画をたてて実行にうつします。学年全体に募集します。そのためにポスターも作ります」

「先生、いいと思います。面白そう」

「でも、集まらなかったらどうするんですか」

「集まるようにきみたちから声をかけてください。もし参加者が少なくても、先生たちときみたちを中心に実行しようよ」

この提案は承認され、さっそく代表委員たちが各学級に提案した。「ばかばかしい」といった反対意見も予想されたが、それもなく各学級でも承認された。廊下には代表委員たちがつくった大きなポスターが掲示された。イラスト入りでなかなかの出来栄えだ。

　第一弾として、そうじやり隊の活動を始める日が来た。私はそれまでに、授業で宣伝もした。百円ショップで五〇本の金属製のヘラも手に入れ授業で見せて、実際にこびりついたガムを削って見せた。気持ちよくガムは剥がれた。

「このヘラ、いいだろ。超高級品で高いんだぞ。五〇個揃えた」

「超高級品ってのはウソだね。きっと百均だぜ」

「バレたか。でもな、五〇個分、校長先生が自分のお金を出してくれたんだぜ」

「すげー、さすが校長先生だ。先生とは違うね」

「それ言うか。感謝するんだったら参加してな」

　当日、その効果もあってか、四〇名以上の参加者があった。ふだん勝手なことをしている生徒たちも、面白がって参加していた。私は予想以上の人数の多さにびっくりするとともに嬉しかった。さっそく活動開始。廊下、教室、ベランダにこびりついたガムをゴシゴシ、ガリガリ削る音があちこちから聞こえてくる。生徒たちは楽しそうだ。三組では、担任の田代先生と柴崎理恵がなにやらボソボソと会話をしている。

「先生、けっこうやるじゃん」

「上手だろ。先生は勉強は苦手だけど、こういう作業は得意なんだ」

「へー、私とおなじじゃん」

「いいないいな、その会話」と私は思った。柴崎は、「田代先生は嫌い」と言って反抗気味だった。田代先生も柴崎の扱いに困っていたのだ。やはり活動が人と人を繋ぐのだ。

写真撮り隊には一〇人ほどの生徒が集まった。彼らはそうじやり隊のようすや、集会のようすを写真に撮り、さっそく記事をつくり掲示板に貼った。この子たちも実に楽しそうに活動していた。自分たち手づくりの腕章まで用意していた。腕章には「報道」と書かれていた。

集会を楽しくし隊には、やんちゃなメンバーが集まった。学年集会の最初に「一発芸」をすることになり、かわるがわる披露していた。まったく受けずにしょげていたメンバーもいるが、それはそれでよい。彼らが学年の活動に参加し始めたことが大切なのだ。

こうして、少しずつだが、学年全体が前に進み始めた。

第20話 先生、手を切るなよ

私との会話が成立するようになり、少しずつ心を開き始めたように見えた翔太だが、彼の傷はそんなに簡単に癒えるものではない。

ある朝のこと。めずらしく早く登校してきた翔太。職員玄関前の出来事である。

「翔太、今日はいやに早いな。どうしたの」と私。

「どうしたじゃないぜ。遅刻しないのは生徒としてあたりまえだろ」と笑顔で翔太が答える。そこに校長先生が通りかかった。笑顔の翔太を見た校長先生が、「おはよう翔太さん」と言いながら親しみを込めて、翔太の肩を「ポンッ」と叩いた。その瞬間、翔太の形相が急変し、「なんだてめえ」と声を張り上げながら、校長先生の手を払いのけたのだ。翔太の傷はそう簡単に癒えるものではないとその時私は実感した。

同じようなことが体育の授業でもあった。

その日、体育科の田代先生が出張のため、今年度から生徒指導主任となった勝山先生が補欠で入っていた。勝山先生と翔太はあまりつながりがない。授業に遅れて行った翔太。

「越田さん、遅刻だよ。これじゃあ授業に参加させられないよ」と勝山先生が言った瞬間、翔太は、体育館の玄関やトイレのガラスを素手で割りはじめたのだ。「カサハラの部屋」にいた私を生徒が急いで呼びに来た。

体育館の隅で、翔太は荒い呼吸をしながら両拳をきつく握り棒立ちとなっていた。少し迷ったが、私は、瞬時に判断して、黙ったまま割れたガラスを素手で段ボールに入れ始めた。すると

「先生、手を切るなよ」と言いながら、翔太も一緒にガラスを片付けはじめたのだ。

「翔太は本当は人の気持ちがよくわかる、とても繊細で、優しい子なんだ。この子の傷をなんとか癒したい」とあらためて思った。

教頭先生が、校長室に来るようにと呼びに来た。

「先生、俺、ちゃんとあやまるつもりだよ」翔太は小声で呟いた。

校長室のソファーに隣り合って座った。向かい側に教頭先生と校長先生。

「越田さん、きみのしたことは許されることじゃない。しっかり弁償してもらう」と教頭先

生が言った瞬間、翔太はテーブルをはさんだ教頭先生に飛びかかろうとした。

「やめろ翔太」と叫びながら、私は翔太をとっさに羽交い絞めにした。「怒りのちから」が彼の体中から伝わってくる。やがてちからが弱くなった。翔太の目から涙が流れ始めた。私も悲しくなった。

「私の悲しさは、何に対する悲しさなんだろうか」と自問した。

第21話 翔太との対立

六月。三年生が部活動を引退し、二年生、一年生で新チームのスタートとなる。これを機会に、私はチームを正常な状態にしようと考えた。

部員を集めて、一枚のプリントをわたして説明を始めた。

「・・・つまり、普段の学校生活をちゃんと過ごすこと。すぐにできなくても、ちゃんと過ごそうと努力すること。その意志がない部員は、公式戦にも練習試合にも参加させないつもりだ。きみたちもわかっていると思うけれど、上岡中は態度が悪いので、練習試合を申し込んでも断られることが多い。公式戦でも、相手の選手を罵ったり、審判に文句を言ってしまい、後で顧問が謝罪することも何度かあった。きみたちの新チームをそんなふうにはしたくない」

「それは俺のことだろ」と翔太が大声を出した。

「そうではない。サッカー部全員のことだ」

「俺は、サッカー部をやめる。部費を返せよ」

と言い放って、その場を去って行った。

私は翔太とつながりが出来て、翔太も私をある程度信頼してくれているという実感があった。迷いはあったものの、きっと翔太もわかってくれるのではないかとも考えていた。だから、翔太が辞めると言い出すことまでは予想出来ていなかった。

「まずかったかなあ。やっと翔太とつながれたと思ったのに」。私は困った。しかし、翔太はサッカーが好きだ。ああは言ってもきっと戻ってくるのではないかとも思った。しかし、方針を出した以上、曲げるわけにはいかない。翔太も「やめる」といった以上、彼なりの意地もあるだろう。いろいろな思いが私の中をかけめぐる。

翌日の放課後。サッカーゴールの後ろに翔太が立っている。私が練習場所に近づくと、翔太は離れていく。教室や廊下でも、翔太は私を避ける。それ以後も、放課後になると、サッカーゴール付近に翔太が立っていることが増えた。私が近づくと翔太が去って行く、そんな日々が続いた。まるで意地の張り合いだなと思った。そんな状態が続いたまま、夏休みを迎えてしまった。

夏休みに入って数日後のこと。部活動を終えて職員室でパソコンに向かっていると、職員室のドアがノックされた。

「失礼します。笠原先生はいらっしぃますか」と翔太の声が聞こえてきた。

「笠原先生、お話があります」

私は驚いた。その礼儀正しい言い方もそうだが、翔太は、それまで長髪だった頭を丸坊主にしてきたのだ。

「どんな話ですか」私は努めて淡々と言った。

「お願いがあります。サッカー部に戻らせていただけますか」

「そうですか。だけど、先生が出した方針を守る気があるのですか」

「はい、あります」

こうして翔太はサッカー部に復帰した。もちろん、それで彼の学校生活が完全に改善されたわけではない。しかし以前より努力しているようすがはっきりわかる。

どうして彼は復帰する気になったのか。後で知ったことだが、二年生のサッカー部員たちが、ことあるごとに「翔太、笠原先生にあやまって、はやくサッカー部へ戻ってこいよ。翔太がいないと弱くって困るよ」と働きかけていたらしい。二年生のサッカー部の保護者たちも、「先生にお願いして、はやく戻りな。私たちが言ってやろうか。翔太はあんなにサッカーが好きだったじゃない」とバックアップしてくれていたのだ。

三年生最後の公式戦でのこと。相手は市内でも強豪チーム。上岡中は部員が一〇人しかいない素人チーム。最初から実力差は歴然だった。〇対八のまま、残り一〇分。翔太がミドルシュートを放った。みごとゴール。試合は大差で負けたが、チームは大喜びだった。翔太の頭を次々となでる。

試合が終わり、学校に戻る車の中。

「翔太、よかったなあ」と私。

「ああ、よかったよ」と声を弾ませる翔太。

こうして翔太はサッカー部を引退した。

「あれは、賭けだったなあ。よかったのか、間違っていたのか、いまだにわからない」と私は思う。

第22話 翔太はいいやつなんです

新しい年度がスタートした。幸い、新三年生の職員はそのまま持ち上がりとなった。気心が知れているのでやりやすい。比較的順調なスタートを切ったかに見えたが・・・。

翔太は以前よりも早めに登校することが多くなった。「自分の世話はできるだけ自分でするから、翔太、早めに学校へいきな」と母親が言ってくれているようだ。授業へ出ることも増えたが、耐えられずに「カサハラの部屋」へ避難することも相変わらずである。小学校の学習がほとんど身についておらず、分数の計算もままならない、漢字もあまり読めないのだから、その気持ちはわからないではない。「進路に向けて、何とかしないとなあ」と私には焦りがある。しかし、雰囲気はずいぶん柔らかくなった。ペットボトルのジュースを飲みながら廊下を歩いているので、

「翔太、やめな。ジュースは預かる」と言うと、

「おー、そうだった。先生、ごめん」と、素直に従うことが増えた。冗談半分に翔太の肩をたたいても、拒絶のちからは感じなくなった。

「カサハラの部屋」で翔太とはいろいろな話をした。彼と話をしていると、もしかして癒されているのは自分の方ではないかとさえ思えてくる。

「先生、先生はどうして教師になったんだ？　俺、教師って仕事はきついなあって思うぜ」

「どうしてだ？」

「だって、俺らみたいな生徒がたくさんいて辛いだろ。それで授業もやって、部活もやって、帰れるのすごく遅いだろ。割りにあわないよね」

「うーん、そうだなあ、確かにそのとおりかなあ。でもなあ・・・やりがいもあるんだなあ。どんなやりがいかは秘密だ」

「俺みたいなやつは教師にはなれないよな」

「新聞にな、小中学校時代、いじめにあって不登校を繰り返し、通知表はオール1。その人が、たしか名古屋の物理学の大学だったかな、そこに合格したんだ。アインシュタインの映像をたまたま見て、自分は物理学をやりたいって本気で思ったらしい。その後は猛勉強をして、大学の物理学科に合格。今は、高校で物理の先生をしているよ。・・・そうだ、翔太、この本読んでみてよ」と言って、大平光代著『だからあなたも生きぬいて』を手渡した。

「おれに読めるかなあ」

「読めるよ。読もうという強い気持ちがあればね。もし読めない漢字があったらいつでも持っておいで。読み方と意味を教えるよ。これ教師として当然の仕事だから遠慮するな」

「この人、どんな人だ」

「すごい人だよ。読んで感動した。あまり中味を言っちゃうと面白くないからやめるけど、いじめられて不登校。自殺も計る。暴走族に入る。ヤクザの組長と結婚する。刺青を入れる。ある人との出会いで立ち直り、日本で一番難しい試験と言われる司法試験に合格。弁護士となる・・・どうだ翔太、興味が湧いたか？」

「先生、読むよ、絶対読む」

「それでな、翔太に言っておくけど、翔太は確かに受験知は低いと思うよ。だけどな生活知はとても高いと先生は思っているんだ」

「どういう意味？」

「翔太は、確かに今は勉強が苦手だ。だから高校に合格するための知識は低いだろ。でも翔太は毎晩、夕飯を作るだろ。お母さんの世話や病院へ連れていくこともしてるだろ。生きていくうえでのワザとか知識は他の子より高いと先生は思ってるんだよ。それと、人の気持ちを感じ取るちからも高い。だから、よけい苦しむのかもしれないけどね」

「なかなかいいこと言うね先生」

「翔太に言われたくないよ」

「先生も、生活知高そうだな。ちゃんと夕飯を作ってるみたいだしな」

「そうだぜ、大変だよ。でもおかげでだいたい何でも作れるぜ」

「いやになることないのかよ」

「あるよ。しょっちゅうだよ。でもなあ、これがあるから気分転換になってるよ」と言いながら、写真を見せる。

「先生、その桜の写真もらえる？」

「ああいいよ。写真を貰ってもらえるって、うれしいもんだよ」

母親の話では、卒業後も部屋にその写真が飾ってあるとのことだった。

しかし、翔太は事件を起こした。授業が始まっても廊下にいた翔太を、校内の見回りをしていた教頭先生が「翔太さん、何してるんだ。早く授業に出なさい」と注意した。翔太は教頭先生を嫌っている。翔太は教頭先生を無視する。

「翔太さん、それじゃあ、高校にも行けないよ。きみはもう三年生だ」と言いながら、翔太の腕をつかみ、教室へ入れようとした。このところ翔太が落ち着いていたので、それで教室へ入るだろうと教頭先生は思ったのだ。教頭先生の気持ちは分からなくはない。

いきなり腕を持たれた翔太はとっさに教頭先生の足を思いっきり蹴り上げてしまった。教頭先生がうずくまる。

「なにするんだ翔太」大声で翔太を叱責する。「うるせえ」と翔太も大声で言いながらもう一発蹴りを入れる。三年生の階にその声が響き渡る。授業中の先生が止めに走る。生徒も飛び出してくる。私はこの時、一年生の授業中で、現場に行くことができず、この時の状況は後で聞いたことである。教頭先生は、病院に行き診断書を取り、校長先生が警察に通報した。翔太は補導され、警察で取り調べを受けた。

この日の夜、私は眠れなかった。どうしたらいいだろうか。堂々めぐりだった。外が明るくなってきたころ、考えがやっとまとまってきた。翔太は教室に本当の居場所がないのだ。なぜこの事にもっと早く気付かなかったのだろう。私は後悔した。

確かに、翔太は私のことは信頼してくれているように思う。学年の先生とも以前に比べると少しずつだが信頼関係が生まれつつある。しかし、サッカー部の生徒はともかくとしても、彼には教室に居場所がない。学年の子どもたちは、小学校時代の翔太のイメージのままで、実は翔太を排除しているのではないか。面倒なやつで、いないほうがいいくらいに思っている生徒が多数なのではないか。その雰囲気を敏感に感じ取っている翔太は、孤独なのではないか。私といる時だけが学校での翔太の居場所なのだ。翔太の苦しみを理解して仲間として受け入れる、そんな集団を育てなければ、翔太の他者不信はそのままだ。

明日、学年集会を開こう。そこで私の思いを生徒たちにぶつけよう。私は決意し、話す内容をパソコンに打ち始めた。朝の職員打ち合わせで、学年の先生たちに集会で話す内容を読んでもらい合意を取った。

臨時の学年集会。私は思いを込めて生徒たちに語った。私の思いの強さを感じ取ったのか、普段やんちゃな生徒たちも、黙って聞いている。学年のリーダーとして頑張ってくれた倉田夏美と小森由紀はこの時のことを、次のように綴り卒業していった。

倉田夏美

二年の途中まで翔太は私にとって「迷惑な人」でした。授業は壊すし、「いなけりゃいいのに」と思ったこともありました。でも今は、翔太は本当にいいやつなんです。先生、この学年で翔太が一番成長したね。

先生の部屋で何度も会議を持って話し合ったね。三年生の途中まで、翔太は無茶苦茶だったね。でも、先生たちが翔太のことを真剣に考えていることを知って、私も翔太に関わってみなくちゃと思って、同じ班にもなりました。そしたら翔太のことが段々わかってきました。あいつ先生にさからったりひどいことしたりするけど、本当はとってもやさしいやつだってことが身に染みてわかってきました。私が、翔太やめなよって言うと素直に聞いてくれることも増えました。その時の彼の目はとってもやさしい目でした。

翔太がひどいことをするのは翔太にはどうすることもできない理由があるんだとも思えてきました。そう言えば小学校の時何かがあって一方的に翔太のせいにされた時に、教室の隅で泣いていたのを思い出しました。私なんて想像もできないくらい翔太の家って大変ってことも思い出しました。でも止めてもだめで暴力を振るって大きな事件になってしまった時、私は悔しくて泣いてしまいました。先生も知っているよね。

でも次の日、学年集会で「翔太を一人にするな。先生は知っている。翔太の行動のうらには深い苦しみがあることを。翔太は信頼できる仲間や自分を安心して出せる場所がないのではないか。いつも寂しさと人への不信と自分へのあきらめの中で必死で生きてきたんじゃないのか。

問題を起こせば起こすほど翔太は孤立し自分を責めてきた。今すぐは無理かもしれないけど、翔太にとって本当に心地よい居場所をつくりたい。「つくってもらいたい」って先生が言ってくれたよね。私があの時も泣いちゃったのも知ってるでしょ。泣いた人たくさんいたね。あの時私ももっと翔太を大切にしようと思ったよ。

小森由紀

先生と何度あの部屋で話し合ったかなあ。翔太のことを真剣に相談したね。私たちって頼りにされてるんだって思ってうれしかったよ。クラスのことは任せてよ頑張るよって思ったよ。怒られたこともあったね。理恵たちと学校抜け出した時。先生にちょっと来いって言われて「カサハラの部屋」に集められて。きみたちがやたら抜け出すはずはないからきっときみたちなりに理由があるよねって言われて、ほんとにごめんって思ったよ。私たちってけして真面目じゃなかったけど、翔太たちのことに真剣な先生たちを見てて、ちゃんとやらなくっちゃと思ったよ。三年間ほんとに楽しかった。でも、もっと先生に迷惑かければよかったかなあ？なんてね（笑）

第23話 大仏すげーって言おう！

五月に入ると、七月初旬の京都・奈良方面への修学旅行に向けての準備が始まった。学級代表と各学級二名、合計一二名で実行委員会を編成した。彼らの意志をできるだけ尊重して方針を決めさせようと学年会で確認した。実行委員会での話し合いの中でもっとも時間を取ったのが、翔太をどうするかだ。

「翔太が、『オオッ、大仏はでかいなあ』って嬉しそうに言ってくれたら、修学旅行は成功だ。翔太にとって最後の修学旅行かも知れないからね。きみたちも知っているように、彼は家の事情もあって、就職するつもりだ。きっとこれが最後の修学旅行だろう」

「だけど先生、翔太は修学旅行に行かないっていってるぜ」と相田茂雄が言う。相田茂雄は、学年一体格のいい子だ。身長一八〇数センチ。体重はきっと一〇〇キロくらいはあるだろう。乱暴者ですぐにキレる。キレて教室のドアを蹴り飛ばし、破壊したこともある。しかし、行事が好きで実行委員に立候補してきた子だ。

「うん、先生もそのことが気になっている。でも、なんとかして行かせたい。翔太が行かないって言ってるのは、きっと親の負担のことを思ってのことだろう。費用は先生たちが何とかするから、きみたちも翔太に一緒に行こうぜと誘って欲しい」

「わかったぜ先生。俺は翔太とおんなじ班になった。それと夏美は自分から翔太と同じ班になった。なあ夏美」

「うん」と夏美。

「俺らでなんとか行くように説得するよ」

「ありがとう。でもな、まだまだ翔太は不安定だ。旅行に行って翔太が問題を起こさないようにしないといけない。もちろんそれは先生たちの仕事でもあるけど、きみたちのちからがないとできない。彼が何かやってしまったら翔太もきみたちも先生も後悔することになる。一番大切なことは、翔太にとって中学校生活最高に楽しい旅行にすることだ」

「先生、最近の翔太、あの事件があってからずいぶん穏やかになったよ。たぶん私たちが翔太を大切な仲間だと思い始めて、それが伝わっているんだと思うよ。大丈夫だよ先生、楽しい旅行にするから」と夏美。

「ありがとう。うれしいなあ。きみたちはずいぶん成長したなあ」

「まあな、俺らを信用しろよ先生」と茂雄。

「いやー、でもなあ、茂雄も心配なんだけどなあ。すぐキレるし」

「そりゃないぜ先生。俺、副実行委員長だぜ」

こんな会話をしながら、たびたび実行委員会を開き、修学旅行の目標、ルールや持ち物などを決めていった。目標は「みんな笑顔で大仏すげーって言おう！」となった。一番の問題は、行かないと言っている翔太がどうすれば参加できるかだ。翔太は、ひっ迫した家計のことを思って行かないと言っているはずだ。翔太らしいやさしさだ。なんとかしたい。校長先生とも相談した。その結果、ある程度は市から費用が出ること、しかし、小遣いなど細かな費用までは無理なことがわかった。お母さんと一度顔を合わせて相談しましょうということになった。

お母さんと翔太が学校に来た日の光景は私の目に今でも焼き付いている。生徒が下校した後、翔太が母親をいたわるように手を引きながらやってきたのだ。母親は視力がほとんどないようだ。交通事故の後遺症らしい。年齢は四〇代と聞いているが、とてもそうは見えない。年老いて見える。これまでの数々の苦労が体全体からにじみ出ている。そのようすを目にしただけで、私は翔太の葛藤と苦しみが手に取るように理解できた。「翔太、何としても最後の修学旅行に行こうな。そしていい思い出をつくろうな」と思った。

話し合った結果、小遣いなどのお金は親戚からなんとか借用する。もし無理なら学校が特別に貸し出すというところで決着した。学校からの貸し出しと言っても、学校にそんな予算はない。校長先生が自腹で貸し出すということなのだ。そのことは伏せたまま翔太と母親には、学校の特別予算から貸し出す、という言い方をした。私と校長先生で事前に練っていたことである。私は校長先生に感謝した。今時、こんな校長先生はそんなにいないだろうなと思った。

修学旅行二日目の夜のこと。男子フロアの、張り替えたばかりの障子に指でついたような穴が数か所あいていた。それに気付いた副実行委員長の相田茂雄が、男子全員をロビーに集めた。

「誰だ、穴をあけたのは。これ以上やるな。修学旅行を成功させようと俺たちで話し合ってきたのに、ふざけるな。それによ、先生たちにも迷惑をかけたくないんだ。今から各部屋と廊下を調べて、他に壊したところがないか調べてこい」と演説した。茂雄らしく乱暴な言い方だったが、思いは伝わったようだ。

翔太と茂雄、夏美は同じ班。二日目は京都市内の班別行動。体格のよい茂雄と並ぶと翔太は可愛らしく見える。夏美たちとも楽しそうに会話しながら見学している。

東大寺の大仏。翔太は「すげー」とはいわなかったらしいが、腕を組みながらしばらく巨大な大仏を見つめたあと、柱の穴をくぐりぬけることを楽しそうにやっていたらしい。

帰りの新幹線の中では、クラスの男子たちと楽しそうにトランプをしていた。私は相田茂雄の席に行った。

「茂雄、翔太楽しそうだな」

「うん、あいつ修学旅行に参加できて本当によかったな。ほんとに楽しそうだ」

「茂雄、ありがとう。きみたちのおかげだよ」

第24話　学びあう先生たち

私は校務分掌で職員研修の担当となっている。夏休みの職員研修で、翔太をどう見るか、翔太にはどんな指導が必要なのか、要保護、準要保護が半数を占め、貧困家庭が非常に多い上岡中のカリキュラムをどうつくるか、どんなカリキュラムが必要なのかについて、時間をかけて話し合う機会をつくろうと考えた。

当日は用務の渡部さん、事務の戸沢さん、相談室の高木さん、学校栄養士さん、スクールカウンセラーの奥田さんにも参加してもらった。奥田さんは心理学や、発達障がいのこと、子どもと貧困問題にも詳しい専門家である。奥田さんには専門家の視点から、翔太や上岡中の子どもたちをどう見るのか、どのような指導のあり方が望ましいのか、じっくり話をしてもらった。私は今まで翔太たちにどのような考えで、どのように指導してきたか、詳細な資料を用意して報告した。

私を含めた三学年職員の対応について、奥田さんはとても肯定的に評価してくれた。

「上岡中の子どもたちは、貧困の中で生きている子どもが多数です。親によってはダブルワーク、トリプルワークまでして家計を支えている人もいます。それで体を壊してしまう親もいます。小さい頃からDVを受けたり、放置されたまま育った子も多いです。そうすると、基本的な他者への信頼や、自尊感情が育まれないまま、傷ついたまま中学校へ入学してきます。そんな子どもたちは、他者への攻撃性が高まります。それはその子にとって精いっぱいの自己防衛なんです。悲しいことです。でも一番つらいのは本人です。人は本質的には他者とよりよく生きようとします。それができず他者を攻撃してしまった本人は、実は自分を攻撃しているのと同じです。心の深い所で自分自身を攻撃しているんです。じゃあ、私たちに何ができるのかですが、三年生の先生方が大変なご苦労をされながらも、翔太さんたちをまるごとそっくり受け止めようとする姿勢、それが最も大切なんです。それは怒鳴りつけ、力で指導するよりもよほど忍耐と勇気が必要です。

ここまでの話で理解されたものと思いますが、彼らは今までクラスの子どもたちからも、教師や大人からも非難され排除されてきました。そんな彼らを丸ごと受け止めてくれる大人と出会ってこなかったのでしょう。暴力を振るった場合、やめるように指導するのは当然です。しかし、そんな彼らを含めて全面的に受け止める努力が教師側に必要です。これをケアと言ってもよいでしょう。

学校的な価値観を否定はしません。でも彼らに必要なのは、一人の人間どうしとして付き合い、ケアすることなんです。ケアは一方的なものではありません。単にお世話をすることではありません。ケアをする中で、彼らの苦しみと、その理由が見えてきます。見えてくると彼らへの共感が生まれます。ここが大事なことです。

彼が荒れるのは彼のせいではない。彼とともになんとかしたい。大丈夫、いつもあなたのそばにいるよ。見守っているよ、ということ、これがケアの本質かもしれません。時間もかかるし手間もかかるでしょう。しかし、自分は生きてていいんだ、自分を見守り、認めてくれる他者がいるんだ、と思えるようになると、やがて彼は自分のちからで立ち直っていきます。

しかし、もう一つ重要なことがあります。それはクラスや子どもどうしの関係を変えなければなりません。彼らはまわりの子からも排除されています。そのことをとても敏感に感じ取ります。ですから、まわりの子どもたちの彼らを見る目を変えなければなりません。彼は実は苦しんでいるのだ、自分の中にも彼と似たような辛さがある。彼にはこんないい所がある。そんな思いをまわりの子どもたちが持てるようにすることが大事なんです。そのためには、まわりの子どもたちと教師が互いの思いや気持ちを開いて交換すること。そして、子どもたちがともにできるような楽しい活動や行事を組むことが大事になります。

大人もそうですが、いっしょに楽しく活動する中で、相手の意外な一面や良いところが発見できるのです。これを出会いなおしという言い方もします。子どもどうしの出会いなおし、教師と子どもの出会いなおしが必要なんです」

私は深く共感した。自分が今まで考えてきたこととほとんど重なり、確信が持てたように思えた。その後の話し合いでは、前向きなアイディアがいろいろな職員から出た。

「来年は、生徒が楽しいと思えるような行事をたくさんやりましょう」

「そうですね。体育祭を、それこそお祭りみたいにしませんか。保護者にも呼びかけて、地域ぐるみの祭りにするって手もありそうですね」

「貧困もあって、子どもたちの学力がとても低いでしょ。だから、他の学校と同じやり方で授業をやってもついてこれないし、子どもたちは荒れます。もっと子どもたちの実態に合った授業のやりかたを工夫しないとね」

「そうだ、我々は大変になるけど、夏休みの補習授業をもっと増やすのも必要かな」

「子どもたちの実態を考えて、校則やきまりを見直しましょう」

「校長先生、本校のような学校にはもっと教員を増やすよう働きかけて下さい」

ああ、研修をやってよかったと思った。職員研修は形だけで、教育委員会や文科省の方針を伝達し、討論はまず皆無というものがほとんどだったが、今回のようなものが本当の研修だなと思った。この研修のかいもあってか、いろいろな職員が気軽に翔太たちに声をかけてくれるようになった。特に用務の渡部さん。渡部さんは私と同年代で、以前いた学校からのお付き合いである。気心が知れていた。とても苦労されてきた方で、気遣いのできる方である。渡部さんはこの研修の前から、翔太に声をかけてくれていた。翔太も渡部さんには気持ちを許しているようで、笑いながらちょっとした雑談をする姿を時々見かけた。ありがたいことである。

学校には教師以外にもいろいろな職員がいる。その人たちのちからは大きい。私は幸い、教師以外の職員と良好な関係を保てている。意図的にしているわけではないが、時間がある時は、相談室にいって雑談しながら生徒の話をしたり､事務室に行って､事務員さんや渡部さんと雑談することも多い。保健室の養護の先生とも仲良しだ。私にとってはほっとできるひと時なのだ。きっと生徒もそうなんだろうなあと思う。大人も子どももほっとできる居場所が必要なのだ。

第25話 俺は俺のやり方でいくよ

私とほぼ同年代の織田先生。身長一九〇センチほど。坊主頭。いかにもいかついイメージである。おまけに革ジャンを羽織り、大型バイクで出勤してくる。イメージにたがわず、生徒への当たり方もきつい。時々怒鳴る声も聞こえてくる。私とは指導の姿勢も真逆そうだし、気が合いそうにないなと思っていた。

しかし、意外なことから織田先生とお付き合いすることになった。

織田先生がある日、私に話しかけてきた。「何だろう、私への文句かな」と思い、身構えた。

「笠原さんは、写真が趣味だよね」

「ええ・・・」

「こんどね、笠原さんの都合のいいときにでも、一緒に撮影に連れっていってもらえないかな」

「・・・いいですけど」

「実はね、一眼レフ買っちゃったんですよ」、と言って、カメラバックから高級機を出し始めた。まともに買ったら五〇万円ほどの高性能カメラだ。

「どうしたんですか！　いいなあ、私のよりはるかに高級！」

「いやね、前々から写真をやってみたかったんですよ。思い切って買っちゃいました。だけどね、操作が難しくてね。笠原さん、教えて下さいよ」

こうして織田先生とは時々一緒に撮影に行くようになった。撮影への行き帰りには、学校のこと、家族のこと、日本や世界の情勢、織田先生がやっている株取引のことなど話が弾んだ。織田先生から私の知らないことをたくさん教えてもらった。

織田先生とは生徒の指導の仕方がまったく違うけれど、少なくても私の指導を邪魔したり、批判したりはしない関係になっている。「まあ、笠原がやりたいって言うんだから仕方ないな」といった感じである。

お子さんはおらず、パートナーと愛犬をとても大切にしているようすが織田先生の言葉の端々から感じられた。

「犬とはもちろん別ですけど、生徒にももっとソフトに接したらどうなんです」というと、

「俺のこのイメージ、崩せると思う？　今さらねえ。俺は俺のやりかたでいくよ」とのこと。

日の出の富士山を撮りに行ったときのこと。駐車場からのまだ暗い山道。日の出に間に合うように私は早いペースで登っていく。

「笠原さん・・・置いてかないでよ。早すぎる」

「早くしないと太陽が出てしまうよ。急いでよ」

「・・・」。織田先生は息を切らして座り込む。

「いかつい織田さんのわりには軟弱だなあ」

学校ではけっして見せない織田先生の姿がとても愉快だった。逆に織田先生にとって私はどのような人間に見えるのだろうか？

「笠原さんと意見は違うけどね、助かってることがあるんだよ」

「なに？」

「笠原さんは職員会議とかで、はっきり意見を言うだろ。だから笠原さんのいるおかげで俺も発言しやすいんだよ。笠原さんとは考え方が違うことが多いけど、俺も自分の考えをはっきり言いたい方だからね」

職員室には、いろんな教職員がいる。いて当たり前。織田先生のように、いっけん自分と真逆のような先生でも、つきあってみると意外な一面を見せてくれたりで面白い。みんなが自分と同じようなタイプの方が不気味だと私は思う。教育をめぐっては時には意見が対立することはあっても、人として豊かに付き合いたい。そして、少なくとも管理職を含めて自分の実践を許容してもらえる関係は作りたいものだと思う。私は新しい職場に異動した時は、特に校長先生との関係が良好なものになるよう注力する。いろいろなタイプの校長先生と出会ってきたけれど、たとえ考え方が違っても、ともに教育にかかわるものどうし。必ず分かり合えるところがあるという姿勢でお付き合いするようにしている。

二学期が始まった。この年、私たちの学年が「職員旅行」の担当になっている。多忙化が進んでいることもあり、「職員旅行」を実施する職場はどんどん減少している。まして上岡中は荒れている。「職員旅行」どころではないのかもしれない。でも私はだからこそ「職員旅行」をして一時でも学校のことを忘れて楽しむことが必要ではないかと考えた。学年の先生たちと綿密に一泊二日のバスツアーを考えた。日程は一一月の三連休を利用。

一日目：北国街道の宿場町がそのまま保存されている「長野県東御市の海野宿」散策。昼食は海野宿にある老舗のお蕎麦屋さん・・・塩田平の丘の上にある無言館の見学（戦没者の画学生の作品を窪島誠一郎さんが苦労を重ねて収集し展示してある）・・・紅葉の前山寺散策・・・信

州の「鎌倉」とも称される風情ある別所温泉泊

二日目：上田電鉄に乗り上田市へ・・・紅葉の上田城散策・・・小諸市中棚温泉の郷土料理店で昼食。

旅行社並みの？　魅力的なツアーパンフレットを作り教職員に配り、声を掛けた。「一度は無言館に行ってみたいと思っていたんだよ」と校長先生はとても乗り気。参加希望者もどんどん増えて、結局、どうしても都合のつかない二人以外はツアーに参加してくれた。これは画期的なことだねえと、学年の先生と喜び合った。

教育への考え方は一人一人の教職員によって違ってあたりまえであるし、家族のこと、交友関係、趣味や興味関心、抱えていることも違う。違うということを前提にしつつも、子どもたちへの向き合い方についてはある程度の一致点を見つけたい。また、互いに寛容でありたい。そのためには、教職員どうし気軽な気持ちの交流を大切にしたいと私は思う。

第26話 日本国憲法を学んだだろう!

一二月のこと。茂雄が一組の冨永悟と一対一のケンカをするという知らせが入った。養護教諭の中井先生からだ。保健室を訪れた植田桃花からの情報とのこと。植田も母親一人に育てられている。この学区は一人親の家庭や、祖母、祖父に育てられている子、叔父叔母のもとで暮らしている子が実に多い。桃花は口紅を塗って来たり、ミニスカートにしていたり、派手な子だが、とても気のいい子である。茂雄が一番気にしている体臭について冨永が悪口を言いふらしたので許せないのだそうだ。近くの神社で今度の日曜日にやるらしい。

「先生、冨永も体力あるでしょ。茂雄と冨永がケンカしたら、大けがするよ。受験もあるし、やめさせたいんだけどね」と、植田桃花は心配して中井先生に伝え、笠原先生には伝えてよいと言ったらしい。

その日の給食前、私はさっそく茂雄のそばに行った。担任にはことの次第を伝えてある。

「茂雄、話がある。給食を持って『カサハラの部屋』においで」

ふだんなら気軽に来るはずの茂雄だが、この時は頑なに拒んだ。

「いやだね。いかない。どうせケンカのことだろ」

「こいよ、まってるよ」

「いやだ、いかない」

この繰り返しだった。結局、給食が終わった頃、茂雄はやってきた。

「カサハラの話はわかってるんだよ。どうせ中井から聞いたんだろ。やめろっていっても無駄だぜ。おれは絶対に許せないんだ」

「だめだ、絶対にやるなよ。冨永とケンカしたらどうなるかわかってるだろ」

「いやだ、おれは今回は絶対許せないんだ。誰が何と言っても俺はやる」

「だめだ。とめる、やめさせる」

「むだだ、おれはやる」

押し問答が続く。

「茂雄、おまえ日本国憲法を学んだだろう！」

とっさに思いついたことを語気を強めて言ってみた。茂雄は不意をつかれたのか、一瞬静かになった。

「ああ、勉強したぜ」

「憲法の精神は何だ？　言ってみろ」

「平和主義」

「その通り。茂雄は音楽や理科は通知表1だけど社会科だけは得意だよな。通知表はいつも5だ。だったら学んだことを実行しろよ」

「でも、先生、今回はどうしても許せないんだよ」少しトーンが落ちた。

「茂雄がもしケンカしたら、茂雄は通知表5に値しない、何も学んでいないのと同じだ」

「だけど先生、今もテロとか紛争が続いてるじゃないか。話し合いで平和的に解決なんて無理じゃないか」

「たしかにそういう現実はある。だけど、世界の多くの人の願いは戦争や暴力のない世界だ。それまで戦争ばかりやっていた日本が七十年以上戦争に直接参加しないできたのは平和憲法があるからだ」

「だけどな、俺の気持ちが納まらないんだ」

「だったら、先生が間に入るから、一度富永と話し合ってみろよ。それでもだめならまた考えよう」

彼は渋々了承した。しかし少しほっとしているようにも思えた。茂雄が「カサハラの部屋」に来たという事は、彼の心の中に冨永とのケンカを躊躇する気持ちがあるのだと私は推測していた。

翌日の放課後、「カサハラの部屋」で話し合いが始まった。途中、「先生、俺たちだけにしてもらえる」と茂雄。

「わかった。だけど心配だから外で待機してるよ」と言って私は部屋を出た。

一時間ほどたっただろうか。「先生、おわったぜ」と茂雄。部屋に入ると二人ともサッパリした表情だった。

そのあともう一度茂雄と話し込んだ。

「よく解決した。先生もほっとした」

「おれだってちょっとヤバいかなって気持ちはあったんだ」

「そうか」

「俺は、おやじの影響が強いみたいだ。おやじは昔、この町じゃ有名なワルだったんだ。俺には女と自分より弱いやつには手を出すな。それ以外はかまわんって言ってたんだ。そしてすぐキレて、母親に手を挙げることもあるし。ちょうどな一一月頃から、母親が離婚したいって言いだしてケンカばかりしてたんだ。それでおれもよけいイライラしてたんだ」

「そうかあ、茂雄も大変だったんだな」

「でもよ、おれが冨永を殴らずに済んだのは、翔太のおかげかもな」

「どういうことだ」

「おとといだったかな。冨永とすれ違った時、目と目があって、やばそうな雰囲気になったんだ。そのとき翔太が、茂雄、あっち行こうぜって俺の手を引っ張ったんだ。日曜日にやるって言った時も、もう少し様子を見たほうがいいんじゃねと言ったんだ。俺をじょうずに止めようとしたんだと思うよ」

私はその話に感激していた。それまで暴力ばかり振るっていた翔太が暴力を止めるまでに成長したのだ。

「翔太、感動だよ。嬉しいな」

「俺な、一年とか二年の時は、翔太は面倒なやつだって思ってたぜ。はっきり言えばジャマ。だけどな、修学旅行で同じ班になっただろ。そしたらな、あいつ優しいし、いいやつだってことがわかったんだ。先生、あいつ成長したよな。学年で一番成長したんじゃないか」

「そうかそうか。そうだな。今じゃ茂雄の方が心配だぜ」

「そうくるか。まあな。でもよ、おれだって我慢してるんだぜ。でもな我慢すると頭が痛くなるんだ。だから最近は、キレそうになったら保健室にいくようにしてるんだ」

「ああ、知ってるよ。茂雄なりに努力してるよな」

その時、突然翔太が部屋に入ってきた。きっと茂雄と冨永の話し合いを心配して、廊下かどこかにいたに違いない。

「翔太、先生は感激してるんだ」

「いきなり何のこと？」

「まあ、いいからいいから、冬休みマックに食べに行こうぜ。先生のおごり」

「やったあ、いいね。二人分食べてもいいの？」

「もちろん。一〇人分でもいいや。でも残したら自分で払え」

当日、約束した場所に行って驚いた。翔太の後ろから茂雄や田宮、あと数名の仲間がぞろぞろと現れたのだ。

「やられたあ」

「いやー、わりー、わりー、せんせい。こいつらが勝手についてきやがったんだ」と翔太がニヤニヤしながら言う。結局、六人分の支払いをすることになった。出費は大きかったが、彼らの屈託のない笑顔を見せられると、なんだかとても良いことをしているような「錯覚？」に陥るのだ。「教師って、なんて騙されやすくて人がいいんだろ。でもそれが教師というものかな。彼らの笑顔を見せられるとなんだか嬉しくなってしまう自分を誉めてもいいのかもなあ」と私は思った。

茂雄は三学期に入っても時々キレることがあった。しかしそうならないよう努力する姿もよくわかった。

三学期のある日のこと、私が「カサハラの部屋」で仕事をしていると、突然茂雄が現れた。たしか音楽の授業中だったはずだ。入ってくるなりマッサージチェアーにドスンと巨体を投げ出した。

「ああ、また音楽の先生となにかあったな」と思いながら、私は何も聞かず仕事を続けた。

一〇分程たったころ、茂雄が突然立ち上がった。

「ああ、おれまたやっちゃった。言い過ぎた。謝ってくる」と勝手に言ったまま、部屋を出て行った。

授業後、音楽の吉崎先生が私のところにやってきた。

「笠原先生、ありがとうございます。相田さんが言いすぎてごめんってあやまってくれました。指導してくださってありがとうございます」と言う。私は返事に困った。「マッサージチェアーが・・・」と言いかけたがやめた。

第27話　道徳が教科になります

二学期の後半、一一月の職員会議のこと。道徳教育推進教師の安倍太郎先生が、深刻な表情で発言しはじめた。

「みなさん、ご承知の通り、道徳が教科になります。新しくつくられた教科書を使って毎週一回、担任が授業をすることになっています。私は、道徳教育推進教師としてとてもあせっています」

とうとう始まるか。面倒なことになったな、と私は思った。

「なぜかというと本校は問題行動に対処するので精一杯で、来年度からの道徳をどうするかなど、私もそうですが、皆さんもほとんど意識していなかったと思います」

多くの職員がうなずいている。

「でも、いよいよ逃げられなくなりました。教科となる道徳の授業の学校全体の計画、学年ごとの計画を詳細に立てなくてはなりません。それをどんなに遅くても一月中には教育委員会に出さなくてはならないのです」

「形式だけ合わせて、とりあえず提出するわけにはいかないのですかねえ」と松崎浩平先生が憂うつそうに質問した。

「いや、それは無理です。これからの道徳の授業は、先生方が持っていた今までの道徳の時間のイメージとまったく違います。教科書を使ってしっかり授業をやらなくてはなりません。しかも教科になったのですから、評価もしなくてはなりません」と教頭先生が強い口調で言い始めた。

「そうなんです。ですから教育委員会もかなり真剣なんです。学校長を中心にしっかりとした計画を立てて提出しなさいと言ってきています。他の地域の情報ですが、提出した報告書に赤ペンがどっさり入れられて、何度も書き直しを命じられたということです」と安倍先生が渋い表情で発言を続けた。

「安倍先生のおっしゃる通りです。それで、ずいぶん差し迫ってしまいましたが、本校でも作らなければなりません。学校全体の計画は推進教師の安倍先生を中心に、それに教務主任、校長先生、そして私で作ります。各学年は、道徳担当者を中心に学年で話し合って作ってください」と教頭先生。

「いつまでにですか。急なので先の見通しがたちません」と松崎先生が食い下がる。

「冬休みの宿題にしましょう」と安倍先生がきっぱりと言う。

「えー」「大変そう」「困ったねえ」というささやきがあちこちから聞こえてくる。

私も道徳の教科化には戸惑っていた。これまでは教科書もないし（数社が出している副教材を使うことはあったが）、評価もする必要がないので、私をはじめ多くの教師は、週一回の道徳の時間を、わりと自由に使っていた。

私の学年は、修学旅行に向けての話し合いや、京都班別行動のコースづくりにその多くを割いていた。各担任も、クラスで起こった問題について話し合ったり、時には転校する生徒の送別会に使ったりもしていた。

しかし、道徳が教科化されるとそれもできにくくなるだろう。いやそれ以上に困るのは、生徒たちの実態と関係なしに教科書に掲載されている教材を使って授業をすることだ。上岡中のような荒れた学校でそんなことができるのだろうか。翔太や茂雄や理恵のような生徒にとって、意味のあることなのか。教科化されても生徒たちの現実を前提にして、うまく利用する方法はないのか。私は思案し続けていた。冬休みも利用して、真剣に考えてみようと思った。すぐにサークルの道徳の研究者と連絡をとり、参考文献を多数紹介してもらった。

職員会議後、さっそく植月先生から、「道徳の計画、どうしましょうか」と相談を受けた。植月先生は、学年の道徳教育担当となっている。

「お互いの宿題にしませんか。冬休みが終わるまでに、何冊か参考文献を読むつもりです。サークルでも、一二月に教科道徳にどう対処するかの学習会を二回予定しています。その上で冬休み明けに相談しましょう」

「わかりました。先生、私にも読んだ方がよい本を何冊か紹介してください」

「もちろんです」

「それと、今まで先生のサークルに出たことなかったですが、一二月の学習会に参加してもいいですか」

「もちろんです。大歓迎ですよ。嬉しいなあ」

「先生が、サークルを運営しているのは知っていましたし、私なりに興味はあったのですが、ちょっと敷居が高いような気がしていて・・・。それに先生は一度も誘ってくれませんでしたし」

「それは・・・申し訳ない。植月先生は去年上岡中に来たばっかりだったし、大変な学年を持ってもらって、そのうえ、休みの日まで学習会に誘ったら迷惑かなって、勝手に思い込んでいました。ついつい誘いそびれて・・・これからはぜひ参加してください」

第28話 道徳の教科化？ 納得できません

冬休み明けの土曜日。部活動を終え生徒が下校したあと、道徳教育担当の植月先生と職員室でコーヒーを飲みながらゆっくり話し合うことにした。

「先に植月先生の宿題を提出してもらえますか」

「先生に先に話してもらいたいです」

「いや、私が言い出すとなんだか一方的なことを言いそうだし、止まらなくなりそうなので、先にお願いしますよ」

「ちょっとずるいですよ」と口を尖らせつつ植月先生が話し出した。

「道徳を教科にするのはおかしいと思うんです。というか、どうして教科化する必要があるのか納得できませんでした」

「それ、私と同じです」

「政府や文科省が教科化の理由をいくつか挙げてますよね」

「そうそう、あれは根拠なさそうだね」

「まず、社会全体のモラルが低下しているって指摘していますけど、データを見ると逆ではないでしょうか。『少年保護事件　家庭裁判所新規受理人員の推移』のグラフをみると、少年犯罪は全体としては減り続けていて、それどころか今は戦後で最も少ない状態が続いていますよね」

「そうそう、ピークだった昭和四〇年代、一九六五年頃に比べたら九分の一くらいだよね」

「先生が紹介してくれた本に面白いことが書かれていましたよ」

「もしかして映画監督の北野武さんだろ」

「そうです。『社会のモラルはむしろ良くなっていると思う。道端にゴミとかタバコの吸殻を捨てる人も減ったし、東京の川も綺麗になった。犯罪だって昔より減ってるんじゃないか。少年犯罪が凶悪化したっていうけど、昔のほうがずっと少年犯罪が多かった。交通事故も減ったし殺人事件だってかなり減っている。文科省が勝手に学習指導要領に書いているだけじゃないか』・・たしかこんなふうなことが書いてあって、その通りだなって思いました」

「僕も、北野さんの本を読んだけど、鋭い指摘が多くて痛快だったなあ」

「私、二度読んじゃいましたよ。次ですけど、いじめ問題が深刻になっているからって言ってますが、いろんなデータをネットで見てみたのですが、急激な増加とは言えないのじゃないかと思うんです。それよりも、正確なデータがないと言ったほうが良いのかなと思います」

「そうなんだよね。文科省が出している統計は、いじめの認知件数だろ。学校側がこれはいじめだと認めた件数だよね」

「そうなんです。ですから学校や自治体によって認知の度合いが全く違います。京都が認知件数の割合が一番多かったと思いますが、一番低い香川県と比べると一九倍も差があるんですよ。これはきっと認知の意識の差ですよね。もしかすると京都のほうが認知に積極的なのかもしれません。いじめの発生件数ではないので、実態がわかりません。それと、いじめ問題がマスコミで大きく報道された年は急に認知件数が増えています。これもへんですよね」

「そうだよねえ。それと文科省がいじめの定義を変えた年や次の年は急に認知件数が増えるんだよね」

「そうなんです。これでは本当はどうなのかわからないです」

「確かに植月先生の指摘のとおりだと思うけど、いじめが高い水準で発生していることは確かだし、解決に向けて教師が努力すべきだということは当然だと思うけどね」

「私もそれはその通りだと思います。ですけど、国や文科省が道徳を教科にする理由には、あまり根拠がないってことは確かだと思うんです」

「じゃあ、どうして国や文科省は道徳の教科化を急いだのかねえ。きっと裏のワケがありそうだね」

「そう思います。それは、後で先生に任せます」

私たちがコーヒーを飲みながら一息入れているところに、安倍太郎先生がやってきた。

「あれ、安倍先生、今日は部活も予定にないし、休みじゃなかったんですか」

「いやー、笠原先生、仕事だよ。例の道徳の全体計画。これからパソコンに向かうよ」

「大変ですねえ。ご苦労様です」

「二人が、道徳の話をしているのがちょっと耳に入ったので気になりました」

「ええ、学年の計画について相談していたところです」

「そうですか。ありがたい」

「安倍先生、大変ですね。こんなときに道徳推進教師になって」

「まあ、でもやりがいがありますよ。四月にね、教頭先生からやってみないかと言われて、そのときはちょっと迷ったんだけど、笠原先生も知ってるように教頭試験も受けているし、教頭からも実績をつくれって言われてね、それでね・・」

「なるほど。教頭試験受かるといいですね」

「笠原先生は、教頭試験受けないの？」

「見ての通り、私は勝手な人間ですし柄でもありませんよ。安倍先生は向いていると思いますよ」

「道徳のことに戻るけど、どんな話をしていたんですか」

「簡単に言えば、国や文科省が道徳を教科化する理由には根拠がないし、納得できないね、何か裏があるんじゃないかって話をしていたところですよ」

「なるほど、でもね教科になったんだから、いまさらねえ。それより具体的な指導計画を立てないと間にあいませんよ」

「それもそうですが、どうも納得がいかないわけですよ。ところで、安倍先生は、道徳の教科書は見ましたよね」

「もちろん」

「どう思いましたか」

「小学校の教科書は、結構批判されてたけど中学校の教科書はなかなかいい教材が多いと思ったね」

「そうですか。私も八社すべての教科書を読んでみましたが、どんな教材がよかったですか」

「そうだなあ、まずね、スポーツ選手の頑張りを取りあげてるだろ。イチロー選手、松井選手、レスリングの吉田選手とか。それだけでなくパラリンピックの選手もちゃんと取りあげてるよね。苦しいことが多いけれどそれに負けずに夢をあきらめずに頑張っている姿が感動的だよ。子どもたちも、あこがれの選手の話だからきっと興味を持つよ」

「確かにねえ。でもねえ、夢をあきらめずに努力すれば、だれでもイチロー選手のようになれるんですかねえ」

聞いていた植月先生が思いついたように言い出した。

「私、ちょっと気になっていたんですが、パラリンピックで活躍している選手の教材ですけれど」

「気になる？」と安倍先生が訝しげに聞く。

「はい。私は国語科でもあるので、小説をよく読むんですが、辺見庸さんの『月』という小説を御存じですか」

「いいえ、聞いたことないなあ。私ほとんど小説は読まないからねえ」

「植月先生、読んだよ。相模原障害者殺傷事件をモチーフにした小説だよね。表現が細かくて読みづらかったけどなんとか最後まで読んだよ。途中でね、おお、そうか、そうだなあって思うところがあったなあ」

「そうなんです。小説の中で、パラリンピックに触れたところがあるんです。『パラリンピックだって裏返って優生思想の象徴だ、園のだれがパラリンピックにでることができるというのか。パラリンピックはむしろ重度の障がい者たちをあざわらっているんじゃないか』、たしかこんな表現だったと思います」

「その部分をよんで、その通りだと思ったよ」と私。

「結局、どんなきつい立場でも、夢を持て、自分の力で強く生きろ、そうすれば君たちみんなイチロー選手のようになれるんだ、ってことを押し付けてるように思うんです。それは逆に夢も持てず、自分の力で強く生きられない人はダメな人間なんだ、排除されても仕方ないんだってことでもあると思うんです」

「そうかなあ。スポーツ選手の努力を読ませて、ああ自分も頑張らなくてはって思う子もいると思うよ。それに彼らの努力と活躍に率直に感動できるしね」と安倍先生。

「二四時間テレビ、愛は地球を救うって番組がありますよね。あの番組に毎年障がい者が登場して、逆境にもめげず頑張っている姿が感動的に描かれているけど、私は見るに堪えません。頑張る障がい者像を勝手に押し出してことさら感動させようという姑息な意識が透けて見えるからです。私の長男はたぶん頑張れない障がい者です。頑張れない障がい者の方が多いんです。頑張れないけど、支えてもらいながらなんとか生活しているんです。これって健常者だって同じじゃないですか。たぶんみんな弱さを抱えながら、人の力で支えられながら生きているんじゃないですか。頑張れないのはお前のせいだってなったら、生きづらい世の中だと思います。今、そうなりつつあるけど」

私はだんだん思いが込み上げてきた。

「結局、弱肉強食のこの世の中を、強い気持ちを持って自己責任で生きろ、って言ってるようなもんですよ。道徳の教科書には、そんな教材が実に多いですよ」

私はさらに語気を強めた。

「だけどねえ、うちの学校の生徒たちには、もっとしっかり強い意志を持って生活しなさい、夢を持って生きなさいって教える必要があると思うけどねえ」と安倍先生。

「安倍先生のおっしゃることも分からなくはありません。教材自体が全部ダメだとは思いません。でも、うちの学校の生徒たちには、もっと必要なことがあるんじゃないでしょうか」

植月先生が、控えめに言い始めた。

「よくわからないなあ。どんなことですか」と安倍先生。

「はい、夏の職員研修でカウンセラーの奥田先生がおっしゃったことを覚えていらっしゃいますか」

「いい研修だったね。覚えてますよ」と安倍先生。

「あのお話の中で上岡中の子どもたちは、貧困の中で生きている子が多くて、他者への信頼や、自尊感情が育まれないまま、傷ついたまま中学校へくる、大切なのはそんな生徒たちをまるごと受け止めて、ケアすること。それから、彼らはまわりの子からも排除されている、だからクラスや子どもどうしの関係を変えなければならない。つまり、子どもどうしの出会いなおし、教師と子どもの出会いなおしが必要だ、私は感激しました。そのとおりだなって思いました」

「なるほどね。だから週一回の道徳の授業で、感動教材を読ませるよりも、もっと大事なことがあるだろうってことだね。他者への信頼や、自尊感情を育む日常の取り組みがないまま、道徳の授業を型どおりやっても意味がないってことなんだよね」と私。

「だけどねえ、国や文科省がやれって言ってるんだからやらざるを得ないだろう」

安倍先生がやや語気を強めて言った。

「そう言いますけど、クラスによっては授業自体が成立しないんじゃないですか。今はずいぶんよくなりつつあるけど、一昨年私が受け持った二年生の授業、まったく成立しませんでしたよ。そんななかで型どおり道徳の授業をやるんですか。今だって成り立っていない授業があるじゃないですか」

「私は、今の学年にいて思うのですが、去年来たときは私の授業も悲惨なものでしたよ。翔太さんをはじめとして、授業中騒ぐし、トランプまで始めて。注意すると、うるせえって睨まれて。そんな中で道徳の授業を型どおりやれって言われても無理です。でも、今はどうですか。翔太さん、ずいぶん授業に出るようになったし、ジャマもしません。時々発言することもあるんですよ。三年の先生方や、上岡中の先生方が翔太さんたちをしっかり受け止めて、周りの子たちも翔太さんたちを見る目が変わったからではないでしょうか」

「三年生の先生たちの取り組みは、素晴らしいと思いますよ。翔太さんたちがあんなに落ち着いたんだから。だからね、上岡中も来年度からはきっとちゃんと道徳の授業ができますよ」

「それはちょっと話がずれてる」と言い始めた私の言葉を遮るように

「ともかくですね、学年の指導計画を一月中に作らなくてはならないんだから、ちゃんと作ってくださいよ」

と安倍先生が念押しする。

「それはわかってます。教育委員会に文句を言われないようにちゃんと作りますよ。ただし、計画は計画。実際の授業は子どもの顔をみてきめますよ」

「ああ、もうこんな時間だ。私は仕事をやるよ」

安倍先生は、ややうんざりしたような表情で自分の仕事机に向かった。

第29話 この教材、使えません

「気づかなかったけど、もう五時近くだね。そろそろ帰らないと」

「あっという間でしたね。まだまだ相談したいことがたくさんありそうですけど、また時間をつくってください」

「そうだ、せっかくの機会だから続きをやってしまおう」

「私はいいですけど・・・」

「家に電話して、夕飯、ありあわせでつくるように頼んでみるよ」

続きは駅前の居酒屋でということになった。少し心配はあるものの、私は学校に車を置いていくことにした。

「安倍先生には言えなかったんですけど、笠原先生ならわかってもらえると思うので言います。・・・私、母子家庭で育ったんです。私が小さい頃離婚したんです。母へのDVと女です」

私はどう返事をしようか戸惑った。

「そうだったんだ・・・」

「父は宮古島出身なんです」

「行ったことあるの？」

「小さい頃一度だけ。海辺で遊んでもらった記憶があります。母は、ちょうど先生と同じくらいの年です。今は介護施設で働いて何とか生活しています」

「そうだったんですか」

「それで先生、私が言いたいことは、道徳の教科書の教材は残酷ではないかということなんです」

「どういうこと？」

「実は私、上岡中に来る前に先生とお会いしたことがあるんです」

「えっ？」

私はあれこれ思いを巡らせたが、植月先生と会った記憶がない。

「その時は、私もまったく意識していなかったので、先生のお名前は憶えていないのですが、ああ、あの時の先生だって、記憶がよみがえったんです。先生も私のことはきっと覚えていないと思います」

三年前のこと。道徳の公開授業の出張が入った。私が前任の山城中学校にいた時の話である。道徳担当だったので市内の宮川中学校に出かけた。二年生の道徳の授業だった。題材は、文科省が何億円もかけて全国の小中学校に配布した『私たちの道徳』である。その中の家族についての教材を使っての公開授業である。『私たちの道徳』の次のような教材を読ませて、生徒たちが家族にどんな貢献をしているのか、これからどんな貢献をするつもりかを考えさせるというものだった。

家族の一員としての自覚を

家族は、最も身近な共同体である。一緒に生活をし、食事や身の回りの世話をしてくれ、私の心と体を育ててくれた。私も、少しずつではあるが、家事を手伝ったり、家族の一員としての役割を担《にな》ったりするようになり、家庭の仕事の大変さや、家族の有り難さが分かってきた。一方で、家族に反抗したり、一人になりたいと思ったり、自立したいと思ったりすることも増えてきた。将来、私も家族を支える立場になる。私を育ててくれた家族に感謝し、自分が築きたい家庭を思い描きながら、人生を歩んでいきたい。

＊この文の下には、お父さん、お母さん、子どもの三人が散歩するイラストがある。

家族や家庭の役割

家族は私が生まれてからずっと、私の命を守り、深い愛情を注いでくれた。そして家庭は、疲れた自分を癒してくれる、かけがいのない安らぎの場所。

＊この文の下には、祖父、祖母、父、母に囲まれた二人の子どもの「美しい写真」が挿入されている。

その教師は範読した後、「みなさんは家族は有り難いと思ったときはどんな時ですか？」と発問した。数分間考えさせワークシートに書かせた後、挙手を求めた。しかし、なかなか手が挙がらない。私はそれは当然だろうと思った。思春期の子どもたちが、「家族の有り難さ」についてまず進んでは発言しないだろう。そんなこと恥ずかしくて言えるはずがない。ましてや親との関係がうまくいっていない子どもや、反抗期真っただ中の子どもたちにとっては問題外の発問である。また、親がいない生徒、親のＤＶにさらされている生徒も少なからずいるはずだ。その生徒たちにとっては「苦痛」であるはずだ。いや傷ついている子どももいるだろう。

私はなんだか怒りのようなものがこみあげてきた。なんと無神経な教材なんだろう。この先生はこの教材に何の疑問も感じなかったのだろうか？

しばらくしてある女子生徒が小さく手をあげてワークシートを読み始めた。

「私が病気をしたとき、母はほとんど寝ずに看病してくれました。それまで母と口げんかしたりしていましたが、その時母の有り難さを強く感じて、家事を少しでも手伝おうという気持ちになりました」

「なんという模範的な言葉だ。あの子は本気でそう思ったのか？　それにしても恥ずかしさを通り越してよく発言したなあ。周りから浮かないのかなあ」、私は心配になった。

教師はすかさず
「大宮さん、素晴らしいことに気付きましたね。親の有り難さが身に染みたようですね。ほかに似たような経験をした人はいませんか？　大宮さんのように恥ずかしがらず積極的に発言しましょう」
・・・・挙手はない。当然だと思った。
「では、何人かの人を指名しますよ。頑張ってみんなのためにも発表してください」。そう言って、その教師は数名の生徒を指名した。指名された生徒は、ぼそぼそと小さい声で大宮さんと似たようなことを発表した。その教師は、見るからに真面目で従順そうな生徒を指名したことがすぐわかった。

授業後、研究協議の場があった。学校長の型どおりのあいさつ。教育委員会の指導者たちの紹介。その後、授業についての協議となった。協議と言ってもあたりさわりのない感想発表がほとんどだ。自主的で積極的な発言はほとんどないのが定番だ。この会も同じように進行していた。

「授業ご苦労さまでした。今、家族の有り難さを学校教育でしっかり教える機会がない中で、このように道徳で取り上げたことが素晴らしいです。生徒たちも真剣にやっていて素晴らしいと思いました」

「文科省も、家族の大切さを道徳で教えることを推奨しています。この授業で家族の有り難さを再確認できた生徒が多いのではないかと思います」

「ワークシートに書かせて、その上で発言させたことがよかったと思いました」・・そんな発言が続く。「何だこの協議は。参加者は本当にそう思っているのか？　何を忖度しているのだ」私は我慢できなくなり挙手した。

「家族について中学生に考えさせることは確かに大切だと私も思います。しかし、今日の授業のような内容で本当によいのでしょうか。授業者の先生が一生懸命であることはよくわかりましたが、いくつか疑問があります。皆さんにも考えてもらえたらと思います。ちょっと長くなりますがお許しください・・・。

まず、教材そのものに大きな問題があると思います。『私たちの道徳』のこの教材は、『標準家族像』の押し付けです。現在、現実の家族は複雑で多様です。いわゆる標準世帯（四人世帯。おもに夫が働き妻は専業主婦、子どもが二人）はすでに全世帯の五％を切っているようです。また、ＤＶやネグレクトにさらされている子どももいます。母一人、父一人、母も父もいない子どももいます。そのような子どもにとって、この教材は罪つくりです。自分の家族は世間の普通から外れていると思わせるようなものです。

次に、思春期真っただ中の中学二年生にとって、この教材、そして今日のような授業の展開は苦痛ではないかと思います。思春期は、第二の誕生、疾風怒涛の時代、とも言われています。親を有り難いと思ったこと、と問われて、素直に言える子はあまりいないでしょう。親や大人に反抗しながら自分を作っていく時期です。発言した子どもたちは先生の立場を忖度し、先生に都合のよい意見を無理して発表していたように思います。

最後です。『私たちの道徳』では家族の教材の前に男女のありかたの教材がありますね。

そこにはこう書かれています。

異性を理解し尊重してというテーマで、好きな異性がいるのは自然なこと：中学生で、好きな異性や意識してしまう異性がいるのは不思議ではない。むしろそれは自然な気持ちで、大切にしなければならない気持ちだ。この気持ちを、明日を生きるエネルギーにできたらいいと思う。だけど、二人だけの殻に籠ってしまうと、周りが見えなくなって、人間としての幅を狭めてしまうこともあるかもしれない。考えてみよう、男女交際の在り方を。

＊この文の下には、女子と男子の中学生と思わしきイラストが描かれています。

ジェンダーや性的マイノリティーの人たちへの視点が皆無です。『好きな異性がいるのは自然』なこととし、イラストは男と女。この教材を読んで、性的マイノリティーの子どもはどのような思いを持つでしょうか。

私は、このような教材は使いたくありません。もし家族を扱うなら、社会科学の知見をもとに現在の家族が直面している課題を資料やデータをもとに学習させます。また、ジェンダーについて最新の資料を使って具体的に学習させます。教育委員会の皆さんや参加者のみなさんは本当にこの教材が未来を担う中学生にふさわしいと思っていらっしゃるのでしょうか？　ご意見をお聞きしたいです」

司会者は顔をしかめながら、「まあ、今のご意見に関係してもしなくても、ほかに発言のある方はいますか？」と会を進行した。会場は奇妙な静寂が支配していた。誰も発言しない。司会は迷惑そうな表情で「では、発言がないようですので、そろそろ終わりにしたいと思います」と言う。今思うとそのとき手を挙げて発言した参加者がいた。それが植月先生だったのだ。司会はちょっと困ったような顔をしながら「時間がありませんから手短に」といいながら指名した。

「私も、先ほど発言された先生と同じ意見です。個人的なことで恐縮ですが、私自身、母一人に育てられました。『私たちの道徳』の家族像は父、母、祖母、祖父がそろっていて、しかも家族愛という強いきずながあってという内容です。挿入されている写真は父、母、祖母、祖父に囲まれた幸せそうな子どもたちの美しい写真です。今、このような家族が現実にどれくらいあるのでしょうか。この教材を使うことで、先ほどの先生がおっしゃっていたように、自分の家族は普通でない、と思わされてしまう子どもがきっといると思います。もちろん口には出さないでしょう。それだけに逆に彼らを苦しめるような教材ではないでしょうか。私も、このような教材は使いたくはありません。いえ、使ってはいけないのではないでしょうか」

その人は小さいながらもきっぱりとした声で発言した。

相変わらず会場は奇妙な静寂が支配していた。前面に並んでいた校長や教育委員会の指導者たちは困ったような顔をしていた。やがて司会の「ではこれで協議会を終了します。気を付けてお帰り下さい」という抑揚のない言葉で散会となった。

第30話　一冊の本が・・・

「思い出したよ！　植月先生。あの時の人だ」私は大きな声をだした。

「思い出してくれましたか。私は大勢の前で意見を言うのはとても苦手で、嫌ですけど、あの時はどうしても発言しなくてはと思ってしまったんです」

「嬉しかったですよ。誰も何も言わない、つまり無視、そんななかでよく言ってくれたよ。勇気あるよ」

「私が今、とても言いたいことは、あの時の発言と同じです。私のような子どもはたくさんいます。でも道徳の教科書は相変わらず幸せそうな標準家族ばっかりです。ほとんどの父親が外で働き、家族思いでとても思慮深く描かれています。母親は家族のために家事や育児を最優先する専業主婦として描かれています。そして、やさしい祖父や祖母まで登場する教材もあります。いったいいつの時代のことなんでしょう」

「同感だね。上岡中の子どもたちの現実を考えたら、使えない、使っちゃいけない教材が多いよね」

「私もそう思っているんです。ＤＶにさらされている子、ネグレクトの子、ひとり親家庭の子、親に捨てられて養護施設から通っている子、たくさんいますもんね」

「そうだよ。翔太がそんな教材を読んだらどう思うのかね。聞いてみたいよ。僕は、小学校の道徳の教科書の分析もしてみたんだよ。いじめの教材と、家族の教材を中心にね」

「八社もあって、しかも一年生から六年生まであるから大変だったでしょうね」

「そうね。でもやってよかったよ。いろんなことがわかったよ。まず、家族について。まあ、驚いたね」

「きっとあの標準家族像ですか？」

「そう、八社とも似たりよったりでね。教材に出てくる家族は、ほとんど標準家族。パパは家族のために長時間労働も厭わず働いている。ママは専業主婦がほとんど。しかもほとんどのママはエプロン姿。朝、子どもを起こし、あれこれ世話をするのはエプロン姿のママ。パパもママも賢くて、とても立派で愛情に充ちたアドバイスを子どもにする。しかもそれなりの収入があり安定した家族」

「そんな家族、今は少数派ですよね」

「そうだね。しかも慈愛に満ちた祖父、祖母もいて、挿入されているイラストや写真には祖父祖母パパママに囲まれた幸福そうな子どもたちが描かれている。なんだか気色悪い。おまけに性別役割分業が強調されている。さっきのママはエプロンをつけて家事、パパは外で長時間労働ももちろんだけど、笑ってしまうような教材もあったよ」

「どんな教材ですか」

「大みそかに祖母とママがエプロンを着けて日本伝統の、おせち料理を一から一生懸命つくっている。おせちって本当に日本の伝統なのかなあ、まあそれはとりあえずおいといて、そして元旦。テーブルの上座にパパ。末席に祖母とママ。その間に子どもたちが座り、おせちを食べている。しかも全員着物姿の挿絵！　驚いたね。パパは食べる時になると突然登場」

「いつの時代なんでしょうね。いえ、そんな家族って実際に存在するのですかね」

「僕の知り合いの先生は、くだらないくだらない。私の夫は元旦からお仕事。おせちはスーパーで買ってます。こんな教材、いったいだれがつくっているのかしら。ふるーい世代の妄想よ、って切って捨てたよ」

「私もそう思います。でも先生、どうしてそんな教材が多いのでしょうか」

「重大なことだね。何か隠れた意図があるよね」

「いじめの教材も何か変ですね」

「道徳を教科化する建前が、いじめの克服だから、いじめを扱った教材がそれなりに用意されてるよね」

「ええ、だいたい読んでみました」

「で、植月先生はどう思った？」

「中には、使えそうかなって教材もありましたよ。例えば、さかなクンの体験談」

「ああ、さかなクンの気持ちが率直に書かれていていいよね」

「それと、『あなたは顔で差別しますか』という教材です」

「ああ、あの教材は僕もいいなと思ったよ。海綿状血管腫という病気で人と異なる容貌となった藤井輝明さんの手記だよね。理不尽ないじめにあったこともなまなましく書かれているけど、人には理性があることへの確信、だから正しい知識を学ぶことの大切さが穏やかな語り口で書かれているよね」

「そうなんです。あの教材なら、クラスのようすに合わせて、タイミングをみて使えますね」

「でもねえ、大部分のいじめ教材は、使えそうにないね、っていうか使うべきじゃないと思ったよ。例えばね、ハイタッチがくれたものって教材。生徒会が一方的に全校でハイタッチをする日を決めて、それでいじめをなくそうって教材」

「あれはひどいですよね。私が中学生だったら、その日、休んじゃうかもしれません」

「まったくねえ、ハイタッチをするといじめがなくなるなんて発想、どこからでてくるのかね。きっと今の子どもたちの実態や思いをまったく知らない大人がつくった作文だろうね。さかなクンとか藤井さんの教材はお二人が書いていることは間違いないよね。でもね、作者不詳とか、作者名が書かれていないとか、編集委員会とか書かれているものは、ほとんど誰かが文科省の指示する徳目に合わせてつくった作り話なんだと思うよ」

「だから、わざとらしいんですね」

植月先生と話しているととても楽しい。少し酔いがまわってきた。

頼んだつまみを運んできた若い店員が、私をじっと見ている。どうしたのかなと思っていると「笠原先生じゃないですか？・・・私、山城中の時お世話になった岡村です」と言い出した。

「あーっ、思い出した。岡村さんだ！」

「先生、久しぶりです。懐かしいです」

「懐かしいなあ。あの代だと小山さんたちとたまに飲むことがあるんだ」

「そうなんですか。こんど私たちとも飲みましょうよ。私、昼は看護の専門学校に通ってます。おかげさまで頑張ってますよ」

「そうなんだ、よかったよかった。あっ、こちらの人は上岡中で同じ学年を組んでいる植月先生」

「そうだったんですか。何だか真剣に話をしているので声をかけなかったんです」

「実はね、道徳の話をしてたんだよ」

私がかいつまんで道徳の教科化のことを説明した。

「そうなんですか。ずっとここにいたら店長に怒られるので、一言だけ言わせて下さいね。道徳って私もなんだかきれいごとのような気がします。それより私、先生に感謝してることがあるんです。私あの頃、ちょっと荒れてたっていうか揺れてたでしょ」

「そうそう、危なっかしいなあって思ってたよ」

「あのとき先生、これ読めって本を貸してくれたでしょ」

「覚えてるよ。重松清の『エイジ』だったね」

「私、とっても嬉しかったんです。道徳で綺麗な生き方を説教されるより、ああ、先生、私のことを気にかけてくれてるんだって思えて。おかげで、今はとてもまとも。じゃ先生、仕事するね」

　この会話を植月先生は微笑みながら聞いていた。

「やっぱり、道徳の授業なんかより、人と人との現実の関係のほうが大切なんだなあって改めて思いました。一冊の本に込められた教師の思いが、ちゃんと生徒には伝わるんですね」

「そうだねえ。嬉しいよ。教育はすぐに成果が出るものではないって言葉があるけど、その通りだと思ったよ」

「そうですね。・・・もう一つ大事なことを思い出しました。二学期にやったワークルールを学ぶ総合の授業。私、道徳の授業よりよっぽど生徒のためになるって思ったんです。気持ちの持ち方だけではどうにもならないことがたくさんありますよね。社会の現実をしっかり学ぶことの方が重要だと思ったんです」

第31話　ワークルールを学ぶ

総合的な学習の時間を使って、義務教育を終える生徒たちに学年の教師全員で伝えたいメッセージを授業にすることになっている。植月先生と永井先生は「ジェンダーについて」、田代先生と遠藤先生は「生きるって何だ？」というテーマで、学年教師全員と生徒有志による寸劇を企画している。私は「ワークルール」。盛りだくさんな内容だが、先生たちは意欲満々である。

まず私の「ワークルール」の授業から開始となった。経済的に厳しい家庭の多い上岡中の生徒たち。卒業後、翔太のようにすぐ働く生徒や、高校へ進学してもアルバイトをして家計を支える生徒も多い。義務教育終了までに、わが身を守るために最低限の「ワークルール」などを教えておきたいという思いを私は強く持っていた。幸い、翔太たちも落ち着いているので、きっとこの授業をちゃんと受け止めてくれるだろうとも思った。

授業はまず、「アルバイトクイズ」から始めた。

アルバイトクイズ：あなたは何問できますか？

1．時給1000円の人が8時間を超えて働いたら、その分の時給はいくら？
①1000円　②1100円　③1250円以上　④もらえない

2．作業を始める前の着替えや、作業を終えた後の職場の掃除は・・・
①労働時間ではないから給料は支払われない　②労働時間として支払われる
③労働時間とみなすかどうか、会社が判断する
※筆者注：厳密には「労働基準法上の労働時間とは、労働者が使用者の指揮命令下に置かれている時間をいう」との判例があるようである。

3．バイトの人は有給休暇をもらえるか
①原則としてもらえない　②6か月以上働き8割以上の出勤率でもらえる
③1年以上働き、8割以上の出勤率でもらえる　④3年以上働いたらもらえる

4．あなたの給料は何分単位で計算されなければならない？
①1分単位　②15分単位　③30分単位　④1時間単位

5. 現在の埼玉県の最低賃金（時給）はいくら？（筆者注：2022年10月現在とした）
①853円　②913円　③984円　④987円　⑤1072円
6. 会社が労働者をクビ（解雇）にするときは
①3日前に予告しなければならない　②10日前に予告しなければならない
③30日前に予告しなければならない　④予告する必要はない
7. 使用者は、労働者に、休憩時間を除き1日に（　）時間を超えて、労働させてはならない（筆者注：時間外労働についてはサブロク協定に触れながら説明した）
8. 労働時間が6時間以上は（　　）分、8時間以上は（　）時間の休息をいっせいに与えなければならない
9. （　）歳未満の者は、午後10時以降の深夜業規制。危険有害業務の制限や坑内労働の禁止

中学三年生には、少し難しい内容なので、細かく解説をしながら進めた。生徒たちはまわりの仲間とワイワイ相談しながら楽しそうに学習に参加していた。翔太にとっては身近なことなので真剣な表情でクイズに答えようとしていた。「もし、雇う側がこの決まりを守らなかった

らどうしたらいいの」という当然の質問がでた。

「とっても大事な質問だねえ。素晴らしい。プリントのクイズの次のところをよく見てね。自分一人で悩まずに、気軽に相談してみよう。迷ったら笠原にまず相談してくれてもいいよ」と私。

困った時のおもな相談機関

（1）「労働組合」・・・（解説をしつつ、私の体験談も話をする）

（2）公的な相談機関として労働基準監督署

（3）さまざまな民間の相談機関

全国ユニオン：働き方に関係なく、一人でも加入できるユニオンの連合体

首都圏青年ユニオン：一人でも加入できる若者のための労働組合

ブラックバイトユニオン：ブラックバイトによって学生生活を脅かされることのない働き方を目指すべく、二〇一四年に結成。ホームページでは、「ブラックバイトチェック」など、有効な資料がある。その他、エステ・ユニオン、など

「次は、社会科でも少し学習したけど『生存権』について学ぶよ。まず社会科でやった憲法の復習からね」

憲法第二五条（生存権）

すべて国民は、健康で文化的な最低限度の生活を営む権利を有する。国は、すべての生活部面について、社会福祉、社会保障及び公衆衛生の向上及び増進に努めなければならない。

「では、さっそく『六万円生活』をやってみよう。周りの人と話し合ったりしながらでいいよ」

どうする？　六万円生活

あなたは二〇歳。高校卒業後、好きな車関係の仕事につけた。非正規雇用だが、数年真面目に勤めれば正社員になれるという。毎月の給料は約二〇万円。家を出てアパートを借りて住むことにした。父は失業中であてにならない。母は、身体をこわしていて収入がない。あなたの毎月の平均的な二〇万円の使い道は下のリストである。しかし、ある日、会社の業績が赤字となった。解雇したいと言われた。ショックだったが、Nという派遣会社に登録し、紹介された会社で働き始めた。だが、間もなく派遣先の仕事がなくなり、日雇い労働となった。一日働いても六〇〇〇円。月に一〇日くらいしか仕事がない。つまり月六万円で生活することになる。あなたはどのように生活しますか。下のリストから削り六万円にしてみよう。

非正規雇用、派遣労働、国民年金や健康保険の仕組みや内容について説明した後、いよいよ作業に入ると、あちこちから色々な声が聞こえてくる。

まず一緒に参加していた学年の先生たちから「これじゃとてもじゃないけど人間らしい生活は出来ないよ！」との声。生徒たちからもいろいろなつぶやきが聞こえてくる。

「スマホは削りたくないよ」「俺は、削るな。仕方ないだろ」「食費は一万円以下。デパ地下の試食を食べればいいよ」「明りはろうそく。風呂は公園の水道」「健康保険と国民年金はあきらめる」・・・・。

何とか六万円にした生徒にどこをどう削ったのか発表してもらったあと、私がつくったシナリオをもとに先生たちとの掛け合いを演じた。

食費	36,000円	交通費	5,000円
ガス代	4,000円	アパート家賃	50,000円
水道代	4,000円	雑誌	2,000円
電気代	5,000円	自動車 任意保険	5,000円
スマホ料金	4,000円	ガソリン代	8,000円
映画代	1,800円	住民税	10,000円 ⇒0円
衣類	5,000円	所得税	8,000円 ⇒1,000円
健康保険 掛け金	12,000円 ⇒1,000円	雑費（医療・ 雑貨など）	5,000円
国民年金 掛け金	16,500円	貯金	18,700円
		合計	200,000円

※「⇒1,000円」などの数字は、6万円生活になった場合の金額です。計算しやすいように端数は省略しました。健康保険掛け金は、自治体によって多少違ってきます。

永井先生：笠原先生これムリ。ムリよ。そもそも六万円じゃ、まともな生活できるはずありませんよ。
田代先生：同感。どうして六万円って限定したんですか？
私　　　：それはですね、なぜだと思います？
遠藤先生：たぶん、国民年金（老齢基礎年金）かな。
私　　　：さすが遠藤先生。実は二〇歳から六〇歳まで四〇年間かかさず国民年金（基礎年金）の掛け金を納め続けた場合、六五歳になると満額の年金が下りてきます。満額がおよそ六万五千円くらいなんです。
遠藤先生：えーっつ、そんなに少ないの。
植月先生：確か、毎月の掛け金は一万六千円くらいですよね。
私　　　：そうです。毎月一万六千円（正確には一万六五四〇円）、四〇年間ずっとかけ続けて六万五千円。つまり、国は六万五千円で、「健康で文化的な最低限度の生活（憲法二五条）が営めると考えているのではないでしょうか。
植月先生：これでは、年金の掛け金は払わないという人が増えても仕方ないですね。
私　　　：そうですかね。計算してみて下さい。二〇歳から六〇歳まで四〇年間、一万六千円払い続けるといくらになりますか。
植月先生：（スマホですぐ計算して）七六八万円です。あっそうですね、何歳までもらえば元がとれるかですね。
私　　：そうですね。
植月先生：約一〇年貰い続ければもとがとれますね。ということは、七五歳まで生きれば元がとれるということになります。
永井先生：もっと長生きすれば、得するってことですね。
私　　：そういうことですね。年金を貰う年齢を例えば七〇歳からにするなど後にすると、毎月の年金額は増えます。さてきみたち、きみたちならどうする。払うのやめる？　払い続ける？

なかなか面白い討論になった。まず班ごとの意見交換。自分たちが受給できる年齢になっても本当に年金がもらえるのか不信感を持つ生徒が多いようだ。掛け金を払わず今の生活を維持するほうが先だという生徒も多い。掛け金が高いという声も。でも年金がないと老後が心配だから、無理しても払うという生徒もいる。

植月先生：健康保険掛け金ですが、これも高いですね。

私：そうですね。掛け金が高すぎる、払えない人が増えていると言われています。ちょっと調べてみたけど、確かに高い。市町村によって多少の違いはあるけど、四〇歳で夫婦と子どもの三人で年間四〇万円をこえる自治体が多数です。年間所得によっても違いがありますけど。一人でも年間一〇万〜二五万円くらいになるようです。でも、未納が続くと、医者に行って一万円かかったら、一万円全額払わなくてはならなくなる可能性があります。保険証があれば三千円ですむのにね。

田代先生：結局ね、だれも頼る人がいない場合、六万円では「健康で文化的な最低限度の生活」（憲法二五条）をすることはかなり難しいですね。まして、病気になったりケガをしたり、働けなくなったらどうしたらいいのでしょうね？　憲法二五条には、国が守れるよう努めると書いてあるけど。

植月先生：最後のセーフティーネットですね。

私：はい。それについては、社会科の公民でもうすこし詳しく扱いたいと思っています。

最後のセーフティーネットである生活保護法については、この授業では扱わなかった。生活保護を受けている家庭が多数ある上岡中の現状を考えると、気軽に扱えるものではない。社会科公民の学習内容として客観的に扱う方がよいと判断した。

※アルバイトクイズ解答

1. ③　2. ②　3. ②　4. ①　5. ④

6. ③　7. (8)　8. (45)(1)　9. (18)

第32話　道徳の授業よりも・・・

「植月先生、もうそろそろお開きにしますけど、もう一つだけ言いたいことがあるんです。それはほとんどの教科書会社が取りあげている『卒業文集最後の二行』についてです」

「私も読みました。いい教材とは思えないのに、どうして取りあげるんですかね」

「そうだよね。いじめをした主人公がそのことを後悔して、三〇年たっても忍び泣くという話だよね。結局ね、いじめをすると三〇年後も泣き続けることになるぞという脅しだよね。それに昭和三〇年代の話なので、古い言葉が多くて、子どもたちは実感がわかないだろうな」

「私もそう思いました。なんだか古臭い話ですね。今の子どもたちのいじめの実態とはかけ離れているように思いました」

「今の子どもたちのいじめの特徴は、誰がいついじめの標的になるかわからない、集団の中で次々と加害者と被害者が変わっていくものが多くなっているということだよね。だから加害者側も被害者側もまわりの生徒もいつも人間関係や場の空気に敏感にならざるをえなくて、できるだけ目立たないように気配りをし続けることが日常化しているよね。今の子どもたちの生きづらさとこの教材の内容には大きなズレがあると思うな」

「今の先生の話で、どうしてこの教材がだめなのかよくわかった気がします」

「それとね、いじめ教材で共通しているのが、教師が出てこないことだよ。さっきの『卒業文集最後の二行』にしてもね、学級であれだけ露骨ないじめがあるのに、教師はいっさい出てこない。教師と生徒がいっしょに悩み、考えながら取り組む姿は皆無だよ。いじめはあなたたち子どもの心の持ち方なんだ。心の持ち方を変えなさいって教材ばっかり。大津市の中二いじめ自殺事件があったでしょ」

「ええ、あの事件をきっかけにして文科省が道徳の教科化を加速させたと、本に書いてありました」

「そうだね。あの事件の後、第三者の調査委員会がつくられて、分厚い報告書を出したんだよ。いじめ問題に長年取り組んできた弁護士や教育の専門家たちが入って、綿密な調査をして提言をまとめたんだけど、とても評価が高いんだよ。僕も読んでみたけど確かにいいよ」

「私はまだ読んでいませんでした。後で資料を貸してください」

「もちろん。で、そこにね、いじめの克服は一番に教師や大人の問題であるって書いてあるんだ。いじめが起きたら、教師の専門性にかけて全力で取り組むべきだとね。それから、道徳教育には限界がある、むしろ学校の教師たちが一丸となって創造的な実践をすべきだ、生の現実を教材として繰り返し教えるべきだ、日常のケンカ、トラブル、泣き、笑い・・・その一つ一つを教員が丁寧に拾い上げ、学級の集団に返しながら、子どもたちにしっかり考えさせていく、この営みこそが教育である、いじめなどの問題を生徒たち自身が真剣に討議し、具体的な取り組みを実践する活動が求められる、ってズバリ書いてあるんです」

「素晴らしいですね。これって私たち三学年がやってきたこととほとんど同じですね」

「うん、そうだね。でね、おかしいのは道徳の教科化の建前がいじめ克服にあるだろ。でもね、この調査委員会の提言が道徳教材にほとんど反映されていないってことなんだよ」

「確かにおかしいですね。・・ということはもしかしたら国や文科省は、いじめの克服はどうでもよくて、本当のねらいは別のところにあるのかも知れませんね」

「僕もそう思うよ。本当のねらいについては、もう今日はこれ以上話すのは無理だからあとでまたね。僕なりに段々わかってきたけど」

「私も少し想像はつきます」

「さすが植月先生。よく勉強しましたね」

「ええ、勉強しましたよ。先生に宿題を出されましたから」

「植月先生と話すと自分の考えが整理できるよ。思っていることをどんどん出し合って話し合うって大事だよね。考え議論する道徳の授業をやれなんて文科省は言うけど、肝心の先生たちが、考え議論しなくなっているのだからできるはずないよ。できたとしてもそれは上辺だけの議論だよね。あっ、もうこんな時間だね。植月先生と話していたら時間を忘れてしまっていたよ。そろそろ終わりにしますか」

「そうですね。ところで先生、私、三学期がとても楽しみなんです」

「どうして？」

「翔太さんたちずいぶん落ち着いてくれたでしょ。どんな卒業式になるか楽しみなんです。この前、永井先生が、翔太たちが落ち着いたのは先生のおかげだって言ってましたよ」

「へー、それは予想外だなあ」

「翔太さんがですね、永井ちゃんもうちょっとで退職だね。頑張れよ、って言ったんですって」

「おお・・、翔太えらい！」

「私も、最初はなんて学校に来ちゃったんだろうって思いましたけど」

「それはすみません。大変だったよね」

「いえ、今では上岡中に来てよかったなあって本気で思ってます」

「よかったよかった。・・・ちょっと酔っちゃったかな。ここでほんとにお開きにしましょう」

「先生、今日の結論を言いますね。道徳の授業より子どもたちとの信頼関係、ビールを飲むより泡盛が効く」

私も植月先生も爆笑しながら店を出た。

第33話 翔太だけ制服で

俺は就職すると翔太は言い続けて来た。彼は家庭の事情を考えてそう判断しているのだと私は思っている。しかし、一月の後半になると、「先生、俺、定時制を受けようかな。昼間バイトをやってね」と言い出した。「母親もそれがいい、高校だけは出て欲しいって言うんだ。だけど、俺、受かるかな」

「そうか、わかった。頑張れ。受かるようにする」と私。

学年の先生たちと相談して、翔太の特訓をはじめた。漢字の読み書きの指導は国語科の植月先生と遠藤先生。算数の計算の指導は永井先生と田代先生。面接の練習が私。この取り組みは、翔太だけではなく、勉強が苦手な生徒、面接が心配な生徒は放課後「カサハラの部屋」においでと呼びかけた。同時に私立入試ですでに合格した生徒に呼び掛けて、勉強が苦手な生徒の手助けも頼んだ。

ある日、翔太は面接の態度や受け答えが急にうまくなった。

「翔太、入室の態度も、姿勢も、志望動機もバッチリになってきたな」

「そりゃそうだ。それより先生、夏美たちをちゃんと指導してくれない？」

「なんでだ？」

「だってよお、あいつら給食食べてるとき急にね、翔太、志望動機言ってみなとか、この漢字読める？　とか言い出すんだ。たまんないよ」

「美しい友情だなあ」と言って私は笑ってしまった。

「帰りの会の後、あいつら俺を残して入室と退出の練習までさせてよ、態度悪いと、やり直し！　って言うんだ。俺をなんだと思ってるんだ。しかもあいつら集団だからこわくて反撃できないんだぜ。先生より厳しいぜ」

「いいなあ、これからは面接練習は夏美たちにまかせるよ」

「それだけじゃないよ。最近、永井ちゃんまで俺をいじめるんだ」

「いいね、おもしろそうだな」

「廊下ですれ違う時に、翔太、二分の一＋三分の一は？　とか、問題を出すんだ。俺にとっては貴重な休み時間なのに」

「わかった。かわいそうにな。永井先生に言っておくよ。一題だけじゃなくてせめて三題出してくださいってな」

「カンベンしてよ先生。学年主任だろ、困ってる生徒を助けるべきだぜ」

まわりの生徒たちや三年職員の特訓の甲斐があってか、翔太は無事定時制高校に合格した。

一二月頃から、日帰りの卒業旅行の話がではじめた。場所をどこにするか学年の職員の間でもいろいろな意見が出ていた。結局、私の意見が通り、東京ディズニーランドに決まった。

さっそく実行委員会をつくり準備を始めた。

実行委員長は倉田夏美、相田茂雄が副実行委員長。きまりをめぐって、面白いことがあった。それはケータイを許可するかどうかである。私や学年の先生たちは、生徒の決定に任せようと思っていた。実行委員会では、女子たちがケータイＯＫの意見を次々と述べた。その時、それまで不機嫌な表情で黙っていた茂雄が突然発言しだした。

「先生は、矛盾してるぜ。修学旅行とかの時は、学校の行事だからケータイはだめだって言ってたよね。なのに今回はＯＫっておかしくない。先生、筋を通せよ。女子たちは自分たちが持って行きたいもんだから勝手に言ってるだけだろ。ディズニーランドに行くのになんでケータイが必要なんだよ。持っていないやつのことも考えろよ」

女子たちは黙ってしまった。私が茂雄に説教される立場になったのだ。愉快だなあと思った。

旅行当日。生徒たちは思い思いの私服でやってきた。いろいろな色が混ざり合って新鮮だった。普段地味に見えた生徒の中にも、大変身してまわりから驚かれた生徒もいる。これが自然な姿なんだろうなと思った。その中で、一人だけ制服姿の生徒がいた。翔太である。きっと母親の負担を思ってそうしたのだろう。翔太はそういう配慮ができる子なのだ。学年の生徒たちは実に楽しそうだった。翔太も茂雄や田宮たちといっしょにはしゃいでいた。

その日、旅行から帰宅し夕飯を食べている最中に、私は急に涙が出て止まらなくなった。自分でも突然の涙のワケがわからなかった。だがその時、どうして私の大嫌いなディズニーランドにしたのか気付いた。まわりの先生たちからも、「どうして先生の嫌いなディズニーランドにしたんですか」とたびたび聞かれていた。その答えが見つかった。それは翔太の一言だった。一二月頃のこと。翔太に「旅行、どこに行きたい」と聞いたら、「俺、ディズニーランドがいいかな。行ったことないし」と返事があった。その一言だ。

ディズニーランドではしゃいでいる翔太の姿が涙のワケなのか、それとも辛かったこの三年間の日々を思い出したからか、いまだにわからない。

終章 「サクラ・サク」

卒業も間近となった三月のある日、翔太が一人で「カサハラの部屋」にやってきた。

「先生、相変わらずヒマそうだね」

翔太の口調は穏やかだ。

「ああ、先生はいつもヒマだよ」

「他の先生は忙しそうなのに、先生はいいね。ラクしてるね」

翔太は私がヒマではないことは承知しているが、いつもそんな憎まれ口を言いながらやってくる。

「翔太、なんか用事?」

「先生がヒマでつまらなそうだから、きてやったんだよ」

「そうか、まあ、ありがた迷惑だな、先生は孤独が好きなんだ」

「まあ、そう言わず話そうぜ。先生さあ、ついていいウソと、ついてはだめなウソがあるよね」

「ほーっ、哲学的だな。ついてはだめなウソって、どんなウソだ?」

「それはねえ、政治家のウソさ」

「おー、どうしてだ?」

「だってね、おおぜいの人を裏切って、迷惑をかけるだろ」

「おー、すごいなあ。まったくその通りだなあ。先生の社会の授業に二学期からちゃんと出ていたからなあ。で、ついていいウソって何だ?」

翔太はニヤリと笑いながら
「おれたちがついてきたウソさ」

「なんだそれ。いい気なもんだなあ。一年の時からさんざん嘘ついてたよな。この壁を蹴破ったのは翔太たちだなって言うと、俺じゃねえよ、証拠があんのかと言って凄んだよなあ」

「だって、俺たち、こんなにいい子になっただろ。だからさ、許されるよね」

「まったく、かってな理屈だな」と言いながら、私は感激していた。翔太の言い草が嬉しかった。

「そうだぞ。君たちのウソなんて、総理大臣のウソに比べたら、ウソのうちに入らないさ。教師は子どもになんどもウソをつかれたり、裏切られたりしながら教師にさせてもらうのさ」と心の中でつぶやいていた。

「サクラ・サク」

思わず私の口からそんな言葉がもれた。

「・・・先生、まだ桜は咲いてないよ」

「どうやら先生は、君たちの試験に合格したようだなあ。あー、教師をやっててよかった。翔太、どうもありがとう」

卒業式前日の放課後のこと。私は裏門の外で、ゆったりとタバコを吸っていた。あと一日で彼らは卒業。寂しいやらほっとするやら、複雑な心境だった。校庭の方角から、なにやら子どもたちの叫ぶ声が聞こえてくる。何事かと思い近寄ってみると、三年生の男子生徒五、六人が校庭の真ん中で職員室に向かって大きな声をだしている。

陸は、戦争をするためにあるのではなく
作物を育てるためにある
海は、軍艦を浮かべるためにあるのではなく
漁をするためにある
空は、戦闘機を飛ばすためにあるのではなく
鳥がさえずるためにある
　そして
子どもは、戦《いくさ》で殺されるためにあるのではなく
家族ともども幸福《しあわせ》に暮らすためにある

驚いた。彼らが唱和している言葉は、三年生最後のお別れ集会で気持ちを込めて伝えたものだ。国連の会議でのある国の言葉と言われている。

私は、卒業生を送り出す時に、必ずこの言葉を伝えるようにしている。私に気付いた彼らは、

さらに大きな声で、「陸は・・」の言葉を再び唱和し始めた。さんざんやんちゃをやった彼らがだ。なんだかとても嬉しくなった。

「先生、聞こえた？」

「ああ、もちろんだよ。あんな大きな声だもんなあ」

「サッカーをしてたんだけど、誰かが急に言い始めたんだ」

「でね、どうせ先生は裏門でタバコだろうから、でっかい声をだして驚かせようぜってなったんだ」

「お騒がせしました、すみません」

私は、何事かと集まってきた先生方に頭を下げた。

「笠原先生、いいじゃない、面白かったわよ。先生の教育の成果だと思った方がいいわよ」と永井先生。

「びっくりしましたよ。何をやらかすのかなって思ったけど、あれ、いい言葉だねえ」と校長先生が誉めてくれた。

「いやー、失礼しました。場所と声の大きさを考えろって指導しなくちゃいけませんね」

「笠原先生、いいじゃないですか。あの子たち、さんざんやんちゃやってた子どもだろ。その子たちがあんな素敵な言葉をしっかり受け止めてるんだから、たいしたもんだよ。それこそ生きた道徳教育だな」と安倍先生まで誉めてくれたのだ。

「じゃ、先生、俺ら帰るね。永井先生に怒られなかった？」

「いいや、君たちを誉めていたよ」

「おー、明日、最後だね、バイバイ」


「笠原先生、すぐ事務室に来てください」

職員室に戻り一息いれようとしているところに、用務の渡部さんが呼びにきた。

事務室に入ると、事務の戸沢さん、相談室の高木さん、養護教諭の中井先生が勢ぞろいしていた。

「笠原先生、メロンは嫌いですか」と渡部さん。

「いえ、嫌いじゃないですけど、自分から食べようとは思わないですね。なんですか、どういうことでしょう？」

「先生、これ見てよ」

戸沢さんの前のデスクの上にメロンが大量に載っているのが見えた。

「どうしたんですか、このメロン」

「先生にはナイショにしてくださいって言って、ある生徒のお母さんが持ってきたのよ」

「エッ、だれのお母さんですか？」

「当ててみてよ先生」と相談室の高木さんが挑発する。

「わからないなあ、八百屋さんをしてる親御さんはいなかったと思うけどなあ」

「とってもステキなお母さんだったわよ。これ笠原先生にって置いていったのよ。その後、もちろん皆さんで分けて食べて下さいって付け足しみたいに言ってたけどね。先生、心当たりあるんでしょ」

養護の中井先生が意地悪を言う。

「困ったな。誰だろう、わかりませんよ。意地悪言わないで教えて下さいよ。それ、私に対するいやがらせですよ。校長先生に言っちゃいますよ」

「ヒントです。三年生の女子生徒のお母さん」と高木さん。

突然、永井先生が入ってきた。

「アッ、そのメロン、柴崎理恵のお母さんからでしょ。さっき理恵のお母さんが事務室に入るとこ見たわよ」

「あーあ、わかっちゃったかあ」と中井先生。

「そうですか、柴崎のお母さんからですか。うれしいですね。あとで電話します」

そんな楽しい会話をしているさなか、校門付近に三年生がたむろしていると連絡があった。すぐにかけつけてみると、翔太、茂雄、田宮、サッカー部の三年生、柴崎理恵とその仲間の植田桃花、小森由紀たちが勢ぞろいしていた。

男子たちは制服のボタンをはずし、髪の毛には整髪剤をべったりつけてツンツンと立てている。女子たちは、超ミニにした制服姿。手には派手なマニュキア。口紅も塗っている。なにやら楽しそうに話している。

「ど派手な軍団だなあ。まいった」

「いいじゃないか先生。明日の卒業式、楽しみにしてろよ」と茂雄。

「まいったなあ、その格好で明日出場予定？」

「マッ、いいじゃない先生。最後だしねえ」と理恵。

「まいったなあ、明日が思いやられるよ。今夜は眠れそうにないよ」と私。

「じゃーね先生」と言いながら彼らは校門から出て行った。

まさかあのままではないと思うけれど、もしあの格好で来たらどう対応しようか、学年の先生や校長先生、生徒指導主任と確認しておかなくてはと思った。

「先生、あの子たち大丈夫ですよ。明日きっとちゃんとやってくれますよ。わざと先生をからかっているだけですよ。あの子たちの顔をみればわかります」

一緒に駆けつけてくれた植月先生が確信しているように言う。

「そうだったらいいんだけどなあ」

「この三年間で、先生、あの子たちにずいぶん裏切られたでしょ。先生は裏切られたなんて思ってないでしょうけど。でも、今度はあの子たちが先生の心配を裏切る番ですよ。私、あの子たちの気持ちがなんだかよくわかる気がします。あの子たちって本当に可愛いです」

式当日の朝、私は早めに出勤した。校門のところにいて、あまりひどかったら話をして直させるつもりである。三年職員も一緒。植月先生がマニュキア落としを用意。永井先生は口紅を落とす役割。

卒業生が次々と登校し始めた。

やがて彼らがやってきた。

「えっ、どうしたの!!」思わず私は大きな声を出した。

「かわいいだろ、おれたち」と茂雄。

「こんなまともな格好、受験いらいだよお、セ・ン・セ・イ」と柴崎。

その後、彼らは永井先生を囲み、用意していた花束を渡した。

「永井ちゃん、俺たちといっしょに卒業だね。世話になったね」と翔太。

永井先生は無言のまま涙を流している。外から見たらまるで子どもたちに責められているように見えたのか、生徒指導主任や他学年の先生までかけつけてきた。

「ありがとう。こんな素敵な卒業式が迎えられるなんて夢みたいよ」と言いながらまた泣き始めた。

「永井センセ、せっかくのメイクが落ちちゃってるよ。ちゃんと直してから式に出てね」と柴崎がちゃかす。


卒業式は型どおり順調に進んだ。翔太はとても穏やかな表情で校長先生から卒業証書を受け取った。彼に証書を渡すとき、校長先生の目から涙がひとつこぼれたように見えた。

「卒業生退場」と司会の教務主任が言った瞬間、突然、茂雄が立ち上がり職員席を睨んだ。会場に緊張がはしる。

「こんな俺たちを、最後まで見放さず見守ってくれて、ほんとうにありがとうございました！」と大声で叫んだ。それに続けて三年生がいっせいに「ありがとうございました」と続いた。

私はその瞬間、それまでこらえていた涙が次々と流れ出て止まらなくなった。後で聞いた話だが、「茂雄か翔太が最後にお礼の言葉をいいなよ。二人が一番迷惑をかけたんだから。お礼の言葉の中味は自分で考えろよ」と学年の子どもたちから言われていたとのことである。翔太はそういうタイプではないので、茂雄が言うことになったらしい。

式の後、茂雄は、

「先生、おれ、式のあいだじゅう、どう言おうか考えていて、本気で緊張してたんだぜ」と、大きな体を縮こませて私に告白した。その姿がとても可愛らしかった。

三年生のきみたちみんな、「**サクラ・サク**」だよ。

（完）

おわりに

「サクラ・サク」を最後までお読みいただきありがとうございました。

少し話がそれます。

ベトナムのホーチミンを旅した時のこと。繁華街や表通りは日本の都市とそう大きくは変わりません。きれいに装飾されたショーウィンドーが並んでいます。

私は早起きして宿舎から少し先の裏路地を歩いてみました。雑然とした狭い路地にテーブルと椅子を並べて、あちこちで近所の人たちが朝食を楽しんでいます。着ているものも並んでいる食材もけして豊かには見えませんが、そこにはゆっくりとした時間と、人々のぬくもりがあるように感じました。その先の路地では、道端に座って採りたての魚を売っている老夫婦がいました。カメラを向ける前に、身振り手振りで撮影許可を求めると、とても人懐こい笑顔で応じてくれました。路地に住む人たちが次々と魚を買いにきます。ただ買うだけではなく、しばし雑談に花が咲いています。時間が豊かにゆっくり進みます。

裏路地を歩くと次々に面白いことに出会えます。それはワクワクするような発見の連続です。

表通りを歩くだけでは見えない新鮮な世界。日本の都市はどこも均質化し、表通りはどこへ行っても似たような看板と店舗が立ち並んでいますが、それでも一歩裏路地に入ると面白い発見をすることもあります。そこでは人々の素の「生活」を垣間見ることができます。

もしかしたら今、学校には表通りしかないのかもしれません。ワクワクするような裏路地や豊かにゆっくり進む時間が失われているように思います。子どもは本来、「遊ぶ人」のはずです。「子どもの権利条約」には次のような条文があります。（ユニセフ抄訳による）

第三一条「休み、遊ぶ権利」：子どもは、休んだり、遊んだり、文化芸術活動に参加したりする権利をもっています。

それは裏路地を歩くことと似ています。表通りしかなかったら息が詰まります。表通りから逃げ出す子どもたちが増えているのは当然かもしれません。学校には裏路地が必要なんだと思います。「サクラ・サク」は、翔太たちとともに裏路地を探検した物語とも言えそうです。いっしょに裏路地を歩きながら、道に迷い、時には行き止まりになり、「さあ、どうしよう」と相談したり、歩んだ路地の先でとても愉快な出来事や素敵な人たちと出会ったり。

昨年六月、「子ども基本法」が可決・成立し、今年（二〇二三年）四月一日に施行となります。第一条に、「この法律は、日本国憲法及び児童の権利に関する条約の精神にのっとり・・・」と書かれています。遅すぎるとは言え、「子どもの権利条約の精神にのっとる」ことが法律に明記されました。また、第一五条には、「国は、この法律及び児童の権利に関する条約の趣旨及び内容について、広報活動等を通じて国民に周知を図り、その理解を得るように努めるものとする。」との記載もあります。子どもの権利条約は、一九九四年に批准されたにもかかわらず現在まで政府や文部科学省はその周知や実施に積極的ではありませんでした。

「子ども基本法」の成立・施行で、日本の教育が、「子どもの権利」を保障し大切にする方向へ舵を切るようになったらいいなという「淡い期待」とともに、私を含めた教育に携わる人たちが、現場で実際に声をあげ実践しないと実現は難しいかも知れないという危惧もあります。「サクラ・サク」は、私のそんなささやかな思いも込められた実践だったなと今思います。

最後に、本書を無事に上梓できたのは、ひとえに高文研の飯塚直さんのおかげです。何度も何度も原稿をチェックしてもらい、その都度、適切なアドバイスをいただきました。心より感謝申し上げます。

笠原 昭男（かさはら・あきお）

埼玉県内の公立中学校の社会科教師として38年間勤務。
現在、獨協大学、大東文化大学非常勤講師。全国生活指導研究協議会常任委員。

主著
『豊かな自治と交わりをきずく』（1993年、明治図書、共著）、『生活指導と学級集団づくり 中学校』（2015年、高文研、共著）、『子どもの未来を拓く生活指導・特別活動』（2017年、DTP出版、単著）、『いじめ・ジェンダーと道徳教科書』（2019年、クリエイツかもがわ、共著）、『子ども参加で変わる教室』（2024年、高文研、編著）

カバー写真：（表）studio SAKUAO / PIXTA、（裏）著者撮影

サクラ・サク
上岡中学校三年間の物語

●二〇二三年 三 月三〇日――――――第一刷発行
●二〇二四年一〇月一五日――――――第二刷発行

著 者／笠原 昭男

発行所／株式会社 高文研
東京都千代田区神田猿楽町二―一―八
三恵ビル（〒一〇一―〇〇六四）
電話03―3295―3415
https://www.koubunken.co.jp

印刷・製本／中央精版印刷株式会社

★万一、乱丁・落丁があったときは、送料当方負担でお取りかえいたします。

ISBN978-4-87498-839-8 C0037